36
Propositions
for a Home
36 modèles pour une Maison

A CIP catalogue record for this book is available from the Library of Congress, Washington D.C., USA

Deutsche Bibliothek Cataloging-in-Publication Data

36 propositions for a home = 36 modèles pour une maison / Périphériques. [Transl. from Engl.: Sarah Parsons]. – Basel ; Boston ; Berlin : Birkhäuser, 1998
ISBN 3-7643-5921-8 (Basel...)
ISBN 0-8176-5921-8 (Boston)

This work is the catalogue for the travelling exhibition "36 modèles pour une maison", shown for the first time between 16 October 1997 and 11 January 1998 at Arc en Rêve Centre d'Architecture in Bordeaux, France.

The exhibition is jointly organised by the Architecture Division of the Association Française d'Action Artistique and Périphériques. During 1998 and 1999 it will be presented in various museums and architectural centres throughout Europe, under the banner of cultural institutions representing France abroad.

©1997 Périphériques
4, passage de la Fonderie, 75011 Paris, France,
for the original edition:
36 modèles pour une Maison

©1998 Birkhäuser – Verlag für Architektur, P.O. BOX 133, CH-4010 Basel, Switzerland, for the bilingual English/French edition

Printed on acid-free paper produced from chlorine-free pulp. TCF ∞
Translation from French into English: Sarah Parsons, Paris
Design: Atalante, Paris
Printed in France
ISBN 3-7643-5921-8
ISBN 0-8176-5921-8

9 8 7 6 5 4 3 2 1

36 Propositions for a Home

36 modèles pour une Maison

RESULTS
OF A CALL
FOR IDEAS
INITIATED BY
PERIPHERIQUES
FOR ARCHITECTS
TO DESIGN
A HOUSE
FOR UNDER
499.900 FF
80.000 US $
ALL INCLUDED

BIRKHÄUSER VERLAG
BASEL · BOSTON · BERLIN

Reconstruction initiatives, coupled with modern movement precepts, have prompted generations of architects to reflect on the issue of collective housing. Under the guise of the "urbanly-correct" belief that individualism is a weakness and that the city and collective housing are the only future for modern society, our profession has lost all interest in the ordinary single-family dwelling.

In Search of the Ideal House

Over the last fifteen years, the idealised popular society of the reconstruction epoch – characterised by solidarity and collectivism – has gradually given way to a more autonomous population which collectively seeks to achieve individual happiness. Today, the strategic orientation of regional development planning has been clearly repositioned so as to increase the number of single-family dwellings. A return therefore to the horizontal city, sought after as an ideal way of living, a purposeful break with the alienation of peripheral housing communities, expensive city centres and obsolescent towns. For "Péripheriques", this opposition between collective and single-family housing is misplaced. It corresponds to a Manichaean vision of society which, on the one hand, led our predecessors to refute alternatives, under the pretext of ideology, and on the other hand, has allowed constructors to reign over a "cursed" yet undeniably present property market.

In our opinion, the fact that architects and urban planners have failed to take up a position in this debate has proved detrimental to the landscape, the environment and inhabitants. Cities, towns and villages have spilled out, steadily eating away at their surroundings – a growth brought about by the construction of housing estates. We believe that it is not so much the principle of dividing land into plots that has to be reviewed, but rather the way in which this is conceived. These estates are practically always created through investing in a piece of land that is ideally empty and which can be urbanised. The terrain always has to be rendered as flat as possible (so as to avoid subsidence) and its natural vegetation effaced. We build asphalt roads following regular dimensions leading to roundabouts and line these with lighting columns crowned with globes. We set up gas and electricity meters at the edges of the 400m² or so wire-fenced plots and the P2 concrete kerbs. After this, right in the middle of the plot, on a small hill, we place the much-vaunted house with its twin-pitched roof, facade with rustic wooden door and window frames, small pergola with exposed beams and its "stone effect" facing. Not to mention of course the garage, which also acts as a D.I.Y. area, situated near the kitchen so that shopping can be easily brought in…. The overall plan for this type of scheme generally resembles a daisywheel, and at best a replica "old village", but with real cars of today. This description, far from being a caricature, fits many housing developments which can be found throughout Europe.

Protagonists in both the public and private sectors recognise the mediocrity of their work, but put this down to a lack of resources and the need to adopt economical solutions.

For Périphériques, it is not the issue of resources that should be held responsible, but rather that of facility together with a refusal to question existing solutions.

We believe that the consumer-occupant is deprived of choice: the house has become a consumption commodity that is still masked by the image of long-term investment and which does not integrate essential diversity of supply. We therefore feel it is imperative to raise questions and indicate a number of design solutions. Our role must not be narrowly restricted to constructing in banal fashion – we must be committed to our epoch. We believe that it is the duty of our generation of architects to put forward strongly-determined proposals to decision makers, so as to prove through a detailed and realistic project specification, that there is an alternative to the commonplace housing estate and its notorious dwellings lacking in identity. "Architectured" houses are of reputed quality, but there is presently a want of a new type of low budget single-family dwelling – a quality custom-made house, whose price is brought closer to the real construction cost by limiting the number of intermediaries.

Are there thirty-six ways of designing a single-family house? We think there are, and to prove it, Périphériques invited thirty-six European architects to participate in an open forum for ideas. With the aim of initiating an exchange of experiences and different lifestyles, Périphériques asked each architect to reflect on the design of a new type of single-family house, traditionally corresponding to a three-roomed dwelling that could easily be enlarged to contain four or five rooms. It was stipulated that this house, along with its garage, garden and fencing, should not total more than FRF 499,900, inclusive of tax and architects' fees.

Conceptual reflection on this type of single-family dwelling extended to the latter's relationship vis-à-vis first its neighbouring house, then two, three, four and ten neighbours, and finally to the urban layout generated by this ensemble.

In order to draw up a general, financially realistic study, we called on the services of B.E.T. GEC Ingéniérie, a partner in the venture, to assess the amount of each architect's and landscaper's scheme.

For Périphériques, the outcome of the overall project will form a basis for seeking out partners to design a prototype development.

PERIPHERIQUES

Questions

What is a house?

What is "home"?

Why buy a house?

Can a house still be considered as personal wealth?

Is a house a consumer product?

Should a house be easily extendable?

Should a house be representative of its occupants?

What should a house resemble at the dawn of the 21st century?

What portion of the domestic budget, in percentage terms, should be invested in land and housing?

What kind of overall price can a house and garden fetch?

What should a house's life span be?

How big should the plot of land be?

What are the limits of the house? And of the garden?

What kind of relationship should the house have with its neighbouring house?

What kind of relationship should the house have with two neighbouring houses?

What kind of relationship should the house have with four neighbouring houses?

What kind of relationship should the house have with ten neighbouring houses?

What kind of relationship should the occupants have with their neighbours?

What kind of relationship should automobiles have with the buildings?

What kind of relationship should the building have with its environment?

What are the relationships between the occupants in a single-family housing environment and the nearest town? Why?

What is the rapport between public and private space?

What impact do neighbour relationships have on architecture?

Is a housing estate the sole economical solution to single-family housing?

What is a housing estate?

For whom are single-family housing estates built?

What is the life span of a single-family dwelling from an urban planning perspective?

Can this be changed? Recycled?

Is this a rigid urban form? Is it the beginning of an urbanisation process?

What kind of relationship does the housing estate have with the city, town or village?

Should the architecture of a house have a rapport with its surrounding region?

What is regionalism?

Is regionalism topical?

Is there a link between the style of a house and social class?

What kind of image can the house portray?

Should the architect be subversive?

Should s/he "illustrate" the client's expectations?

Should s/he flatter and encourage pre-existing ambitions?

What is modernity?

Modernity seems to have become a means of social affirmation: telephone, car, television, Hi-Fi, etc. Why has housing escaped this?

Why does our society, which is essentially defined according to its production model, make use of pre-industrial aesthetics vis-à-vis the habitat?

What attraction does rusticity hold?

Why the need to escape urbanity?

How can we react to the regulatory framework of the urbanisation of communes, which imposes a restricted style and architectural vocabulary?

How are regional housing regulations determined?

Insofar as housing estates are concerned, should the role of zoning plans be called into question?

Since it was set up in 1981, Arc en Rêve Centre d'Architecture has been working on the development of a social and cultural communications project in the realms of architecture, urban planning, design and landscape. It has organised exhibitions and conferences, children's workshops, publications, study trips and open forums, all with a view to raising the public's awareness of international contemporary creation.

A Social and Cultural Challenge

Among the events planned for the year 2000 celebrations, Arc en Rêve is preparing a large exhibition on urban mutations in relation to deployment of new technologies. For this occasion, Arc en Rêve has notably suggested that Bordeaux be a proving ground for the construction of single-family housing in which architectural quality and a low budget are inextricably linked. The initiative launched by Périphériques ties in with this proposal, which is why Arc en Rêve Centre d'Architecture decided to participate in the exhibition "36 Propositions for a Home". The open forum launched by this association of young architects who are campaigning for architecture in a province where imagination and modernity is often lacking, illustrates that it is entirely possible to create an architectural *œuvre* with the same budget as that for a traditional single-family dwelling.

But the question remains why it is that so many houses are sold without being "architectured". If it is correct that constructors do not like calling on architects, then the unhappy truth is that people are terribly conformist when it comes down to individual habitation, while they are perfectly willing to accept constantly-changing designs for automobiles and domestic goods. The reason for this is undoubtedly related to the fact that technology renders innovation more familiar.

The conceptual relationship between housing and each individual can be said to bear a somewhat archaic stamp, and it is at this juncture that the question of supply and demand becomes woven into the cultural challenge of artistic creation.

Francine Fort
Director of Arc en Rêve Centre d'Architecture

Why have architects cast aside the concept of the single-family dwelling over the past years? Production methods, a market controlled by constructors, ideological aspects linked to this type of dwelling's "individualistic" and anti-urban characteristics: these are but a few of the numerous justifications put forward. Yet nonetheless, this particular form of housing has continued to grow in popularity. The single-family house is now home to more than half the population of France, and is still considered a dream possession, with 65% of the French stating that they aspire to this type of dwelling and 58% keen to seek out the expertise of architects.[1]

Alternative Housing

The initiative launched by the association Périphériques – a singular effort in the scantily explored province of single-family housing – has served to inflect this paradoxical situation. These young architects are convinced that their beliefs and concepts can contribute to improving the architectural and urban forms allied with this type of habitation – an initiative that both politicians and inhabitants have now in fact come to expect.[2] Spurred by emerging demand – some refer to the success enjoyed by Ikea furniture and Swatch watches – their aim is to offer an alternative to the single-family house as it is perceived today: offering something new both to architects, in terms of the dwelling's estimated cost,[3] and to the building industry, in the shape of skilful architecture. This venture has given rise to around forty schemes proposed by young European architects which, viewed as an ensemble, reflect just how state-of-the-art the project is. Some of the houses are provocative, with their creators taking up a defensive stance towards the single-family house, whilst others retain an experimental flavour, particularly given that they are not conceived for any predefined site. However, the most interesting aspect of the project is, without a shadow of a doubt, the fact that it has unlocked new doors for two sets of people: architects, who will be refocusing their attention on this once again topical issue, and the general public, who can understand via these schemes that a low-cost house does not necessarily translate into a product devoid of architecture.

The questions raised by Périphériques were ambitious, for they went beyond the notion of the house per se and addressed the concept of the housing estate – a common environment for this type of dwelling. Architects have long decried the form that characterises single-family housing estates: they are an eyesore in small towns and villages and devour the outskirts of cities. In addition, politicians have begun to worry about their impact from a social perspective.

It turned out to be a somewhat difficult exercise for the architects, used to designing schemes within defined settings, to create a house alongside others with no specific site. This lack of context led to some utopian visions, together with the conception of different devices to help compensate for this missing element.

One of the first approaches to be adopted was to conserve the natural site. With the aim of minimising the impact of the dwellings, some of the architects decided to bury their houses in the ground and sketch out a landscape punctuated by the parallelepiped volumes of entrances and garages. One house is conceived as a line, while another is concealed behind a curtain of bushes specifically chosen to fit with the region. Some architects opted to set their schemes in different environments so as to explore how adaptable their designs were: in forests, on islands, in quarries, on the roofs of urban buildings or as in-fill to increase the density of an existing urban make-up.

Others chose to fit their scheme into an already established fabric. One architect decided to select a parcel of land at random and position the dwelling in a run-of-the-mill site – a suburban neighbourhood stamped with architectural diversity. Many of the architects consulted chose to situate their houses perpendicular to the roadway, a decision stemming from the narrowness of plots as well as an ambition to create ribbon-shaped parcels of land in line with the site's history. In contrast to mass-produced houses with long main facades displaying (or rather attempting to display) their importance, stressing the width of a house reduces the scheme's linearity and hence brings down the overall costs of the housing estate's road network, whilst at the same time ensures a greater degree of privacy for occupants.

The issue of how a house relates to its neighbours is interwoven with that of boundaries between private and public space. Whereas the buildings could have been conceived as autonomous volumes with openings on all sides, most houses have blind walls so that they can be joined together and an urban facade which has little contact with the street – the front – thereby maintaining the privacy of those rooms that overlook the garden – the rear. Similarly, some houses are surrounded by a screen of greenery and a ditch or, in extreme cases, adopt the form of a black box closed to the exterior and lit by an inner patio.

Folding the house in upon itself does not signify a lack of interest in collective spaces. Multiple communal places are often incorporated within these ensembles of houses, such as letterboxes grouped together or games areas. Where there is no site to structure their work, the public/private dialectic can serve as a guide to the architect, who may have to introduce order by means of regularity or, diversely, irregularity, with the outline of the plots maintaining a formal character.

These initial questions resulted in setting a certain limit, namely compromising with oneself. Should one accept the idea of reproducing a prototype? Some maintain that a neighbourhood cannot be created by cloning one house. Others have focused on introducing a degree of variety: in certain places the shape of the plot gradually adopts a different form; elsewhere the houses themselves are varied; in other cases the housing units are assembled in diverse ways. But perhaps the next step could be to create an overall composition that brings together these forty houses and/or others?

As a number of candidates recognised, building groups of high quality single-family dwellings necessitates a mixture of architects and thus of architectures – a notion that was picked up on by one team following interaction of its members. Insofar as the prototype house is concerned, the architects consulted gave a clear response: there is no such thing, since each scheme is unique. The proposed houses take on a variety of shapes and forms, thus reintroducing the specificity of the architectural process into the overall project.

For some, the house remains a concept, with no predefined image. For example, one of the houses is made up of modules, enabling clients to define the dwelling's plan and volumes in whichever way they wish. Similarly, in a number of schemes, clients have to become actively involved in determining how their house will look: they can decide where to place the openings, what kind of roof to have, or can choose from a variety of materials and selection of prints in which to clad the dwelling; cladding can also be selected to fit with its regional context.

The house is not immutable. The initial issue of extensions gave architects a pretext to introduce variants. In some cases, the original volume of a house is altered by adding rooms. Elsewhere, a floor is set across what was previously an empty space, the loft space is converted, or perhaps a gallery closed off and a partition-cupboard shifted. In several schemes, occupants can adapt purposefully nebulous spaces (vestibule, office, reading room) in a host of ways, either on a long-term or one-off basis. Daily life is key: during the course of the day, sliding doors modify living space while the play of the shutters and movement of their blades alter and renew the appearance of the facades, as does the vegetation that climbs over some of the facades, depending on the season.

The proposals also include flexible dwellings, modelled in line with family composition or lifestyles. In a large number of schemes, spaces whose function is determined by technical fittings are grouped either in a linear service area or in a central block to allow for such flexibility. This grouping means that space can be distributed differently either within the same structural envelope or by combining different modules. These ways of organising space give rise to two scenarios. The first aims to respond as closely as possible to what most people are seeking, thereby resulting in a relatively commonplace organisation of space. The second is characterised by an extremely open plan, mirroring the modernity which can be read on the exterior of the building. Few spaces are given over to circulation zones, and the entrance area is scaled down or even at times completely absent: instead, exterior transition areas between the house and the road take on this intermediary role. Kitchens frequently open onto the spacious living room, while the bedroom surface area is reduced to a minimum. Is choosing to distribute space in a way reminiscent of holiday houses rather than of urban apartments a hint that daily life can assume a different form in a single-family dwelling – as if it were a mobile home, as one team suggests?

Some architects have taken pains to incorporate symbolic features associated with the single-family house. Within this framework the roof unquestionably plays a primary role: some architects have expressly opted for pitched roofing, while others have planted roof terraces. Chimneys also appear in the plans. Some of the houses have several floors, others are one-storey: there was no single response to the question of how many floors such a house should have. Some architects have proposed opening the house up to the sky. For pragmatic reasons, the car has not been ousted, since it forms an integral part of occupants' lives: parking space is therefore included from the very beginning of the design process. The garage also becomes an area which can be converted into a workshop or a games room: as a number of the architects have pointed out, it is a space which can be put to other uses on an occasional basis or at some point in the future.

Another emblematic characteristic of the single-family dwelling is its garden. This element is treated in a variety of ways in the projects: sometimes it is an interior garden – a patio, at others it is a conservatory, a terrace, a courtyard or an ornamental garden. Sometimes it is landscaped and often fitted with amenities, such as shelters and sheds, for work in the garden's wings, or a theatrical curtain which is drawn across and flaps in the wind.

Taken together, these schemes reveal that the architects involved in this venture sought to (re)discover the poetics of the house, despite, or indeed hand in hand with, drastic cost-cutting. This latter aspect determined the choice of lightweight building techniques, employing a timber or metal frame, the use of new materials such as timber, metal and polycarbonate cladding, partition walls made of three-ply wood and floor coverings in waxed *béton brut* (untreated concrete). This serves to break with the register of houses constructed by bricklayers and at the same time furthers exploratory research into the evocative power of materials and play of light through transparent, translucent and filtered elements. Some architects sought to maintain large living spaces, sometimes covering more than 100m², as well as substantial volumes with high ceilings and/or double heights: the most popular option was to capitalise on habitable space. Others preferred to work with more modest proportions (70m²) and focus on developing more complex forms. At the end of the day, it is up to the occupants to select one of these two approaches. Overall, these projects demonstrate that cutting prices does not result in a low-quality product, but rather leads to a wide range of proposals. They also illustrate that architects can design real houses at low cost.

Anne Debarre
**Lecturer-Researcher at the
Paris - Villemin School of Architecture**

1. Ipsos/Le Moniteur survey, "Logement. Ce que veulent les Français", *Le Moniteur*, No.4509, 27 April 1990.
2. As architects from the CAUE noted on the site.
3. FRF 500,000 inclusive of tax - closer to the average cost of a house, evaluated today at FRF 450,000, than figures posted during the exhibition "La maison et les comptes", organized in 1994 by the Ordre de l'Ile-de-France.

36 Propositions for a Home

AATTITUDES + MAUPIN (Paris)

ACTAR : GAUSA + GELPI + PEREZ + RAVEAU + SANTOS (Barcelona)

ASHTON + PORTER (London)

AVANT-TRAVAUX (Paris)

BARKOW + LEIBINGER (Berlin)

BRS : BOHNET + RAY + STILES (Geneva)

CARERI + AVELLINO + CARBONE (Rome)

COULON (Paris)

DOAZAN + HIRSCHBERGER (Paris)

FASSIO + VIAUD (Paris)

FRANCOIS + LEWIS (Paris)

GALIANO + SIMON + TENOT (Paris)

GRASER + WAGNER (Zurich)

GUALLART + MULLER + RUIZ (Barcelona)

GUETTA (Paris)

GUIBERT + MILLET + SAMAHA with BESSON + MOSBACH (Paris)

HENRIKSEN + LEVRING (Copenhagen)

JAKOB + MACFARLANE (Paris/London)

JULLIEN + GORY (Paris)

JUMEAU + PAILLARD (Paris)

LE K : HERMAN + SIGWALT + VERDIER (Paris)

LACATON + VASSAL (Bordeaux)

LACOSTE (Paris)

LAGESS + MACNAMARA (London)

MARIN-TROTTIN + TROTTIN (Paris)

MOUSSAFIR (Paris)

MVRDV : MAAS + VAN RIJS + DE VRIES (Rotterdam)

NICOLEAU + SCOFFIER (Paris)

RICHALET (Paris)

ROCHE, DSV & SIE (Paris/La Réunion)

SCHMID + STEINMANN (Basel)

SOUQUET + DEFRAIN with VERGELY (Paris)

STIMULUS : MARCO + THIRODE (Paris)

VIIVA ARKKITEHTUURI OY : LEHTINEN + MAKI + PELTOLA (Helsinki)

VOLATRON + VETTIER (Poitiers)

AATTITUDES + MAUPIN (Paris)

Neapolitan Slices ▶ Delivered in a kit, ready to assemble, this house is practical, fun and economical. Easily adaptable to different lifestyles, its components are sold by catalogue, in the same way as retail furniture. This is a remake of Castor's house revisited by Ikea.

Predefined technical modules are first put into place: bathroom installations, storage cupboards, kitchen shelf space, fireplaces, staircase and bookshelves. Set out in parallel sections, these modules illustrate different spatial scenarios depending on required layout and spacing: bedrooms joined together or separated; divisions of day and night zones; children/parents quarters; eating/fireside areas etc.

The whole is then covered with a large traditional shell, like a cheese dish cover: four walls and a two-pitched roof. The exterior can be personalised via a host of pre-established surface treatments. Each individual chooses his or her material (brick, plastic, wood or metal), along with the number and size of windows, as well as all ornamental and practical accessories. The construction technique is based on the Styltech process (timber) so as to minimise construction time and costs. **P.J.**

ACTAR: GAUSA + GELPI + PEREZ + RAVEAU + SANTOS (Barcelona)

M'House/Tailor-made home ▶ Following the tradition of mass-produced customisable products, such as Twingo or Swatch, a veritable "menu of spaces" is offered with this house, enabling adaptation at any given time to changes in family composition. The structure of the modules is conceived so as to allow lateral and vertical combinations, i.e. enlarging/restructuring the house lengthways, widthways or upwards. In return for this large-scale flexibility, the dimensions of the floors and walls all follow a single grid of 0.90 meters by 4.50 meters in floor space and 2.80 meters in height. The result of this repetitiveness is a minimalist cell-like abode, stripped to the point of obliteration. Assembled "in one go", it can be easily transported to the mountains, the sea or from one town to another.

The occupant is offered a range of choices regarding the material, colour and texture of the facades, and can change these later on if s/he so wishes. A circulation zone runs the whole length of the plan – the kitchen, bathroom and toilet take up the centre – so as to give an impression of roominess and ease of movement, thereby erasing the Spartan volumes. **P.J.**

ASHTON + PORTER (London)

LDP001-004 Prototypes ► This house is individual without being individual-istic. Although its grounds are purposefully private, the dwelling seeks to merge with both its natural and constructed environment. While its site is designed to slot in with its neighbouring houses, it is not rectangular like that of ordinary terraced housing. On the contrary, the exterior space of the house, conceived as a natural extension to the domestic orbit, is structured into several sectioned areas: courtyard, garden, paved paths, surrounding walls and framed views. Some parts can be jointly used with neighbours or can form reserves of land for future expansions if desired. The whole ensemble is slightly sunken into the ground, and from a distance is perceived as a large roof emerging from the landscape.

The interior space is laid out in an L-shape, with clear divisions between day and night zones and service rooms situated on the articulation point. The open-plan kitchen/dining area boasts a through view of the entire length of the site. **P.J.**

AVANT-TRAVAUX (Paris)

Home Sweet Home ► Here, a rectangular enclosure is delineated by the implacable orthogonal geometry of a galvanised steel structure to which are attached large billowing exterior curtains: a slice of land marked by measure-ment, material and the wind. Different types of spaces follow on from one another within the enclosure, organising almost at will all private areas and interior/exterior transitional zones: courtyard, garden, canopy, greenhouse, shed, and finally, dwelling; i.e. a large expanse of heated space where life can thrive. This linear organisation is confirmed by the partitioning of the rooms: living room, dining room and kitchen run the length of one facade, and the bedrooms and bathroom the other. The house could be merely a passage bet-ween courtyard and garden, a highly-sheltered place, insulated by sandwich panels in polyurethane and lacquered steel, as well as by corrugated poly-carbonate sheets which admit a flood of light. **G.D.**

BARKOW + LEIBINGER (Berlin)

Bordertown ► One can imagine this house developing in infinitely linear fashion. It is a volume that stretches out on one level, running parallel with a section of garden. Within this unit, a garage, independent bedroom, kitch-en/eating area and living room are positioned one after the other, followed by the bedrooms (1, 2 or 3) which are accessed by an extremely wide pas-sageway. The proposal can be adapted to different types of plots, provided that the road is sufficiently wide for a car to turn into the garage. This latitude allows for different treatment of the service passageway, depending on whether it overlooks the street or is tucked along the party wall. However, everything is subject to the terrain's orientation, since in the design as it stands today, all the rooms open onto the same side – so careful of north-facing aspects! Other than its large bay windows, this house is characterised by both its timber framing, laid on a concrete base course, and its slightly pitched roof. With a view to underscoring its flexibility, the architects have situated it in one of the most "neutral" landscapes that exist: the monotonous plains of the 49th north parallel line between the USA and Canada. **F.A.**

BRS: BOHNET + RAY + STILES (Geneva)

One House, Ten Houses/Terraced Housing ► This is a new variation on the theme of terraced housing, with all its low-cost and urban assets. The habitable space, which is long and somewhat narrow, is divided into three different sections. The first, designed for services (kitchen, bathroom/toilet and storage), backs onto a substantial masonry wall; the second crosses the house from one end to the other for the purpose of distributing space; and the third arranges the living zones (living room, dining room and bedrooms) around a tiny patio which creates a well of light.

Whether on foot or by car, the house is entered by means of a slight ramp which acts as a parking area beneath the first half of the dwelling. Several steps lead to the extensively glazed double-height living room/kitchen, situated at ground level. More sheltered, half a level above, two bedrooms are aligned in a volume raised one metre from the ground. Communal and private spaces are hence separated by a half-storey, designed to underline their independence without brutally disconnecting them. By way of the house's extreme linearity, the various private areas are effectively spaced out. In the centre, the patio captures a small piece of nature, while light enters through an oval window, illuminating the dining table. **P.J.**

CARERI + AVELLINO + CARBONE (Rome)

Topless/Exposed to the Heavens ► This is quite literally an enclosed house: a basic prototype that is completely introverted, stripped of openings onto the exterior and characterised by long 28.50-metre concrete and breeze block walls, covered in layers of bitumen. Shafts of light penetrate from above, into the garden and incorporated patio, and spill into the living room and bedrooms. While occupants are in constant contact with the earth and sky, they can nonetheless create one or several openings towards neighbouring dwellings and the surrounding landscape if they so wish. The facade can hence be personalised in line with the occupant's curiosity of the outside world. S/he can choose the materials for the interior claddings and can decide on the layout of the rooms: in the centre, a system of moveable partitions offers a flexible space that can accommodate two additional bedrooms. The whole breadth of the house opens onto the planted areas – garden and patio – by way of the sliding doors. Conceived as an addition of rooms laid end to end, the house can take on different configurations – both horizontal and vertical. On the other hand, it cannot be claimed that cloning this prototype would alone lead to the creation of a neighbourhood. **G.D.**

COULON (Paris)

Parcel House ► This house, which stretches over ribbons of land modelled on strips of farmland, belongs both to the town and the countryside. Its isolated shape recalls the simple elongated form of agricultural outbuildings, while its party walls generate an urban fabric. The car, parked at the entrance, sets the dwelling at a certain distance.

Between two 60-metre long walls, each family can arrange the rooms and exterior spaces in any way they wish. For example, the garden can be situated at the front, rear or centre of the house. It can be kept as one whole piece of land or split up into several patios. The rooms can be arranged to suit family life, depending on the number and age of the occupants – i.e. spaced out or next to one another.

The distance between the two walls equals that of a standard 5.85-metre girder: a roof can therefore be easily laid wherever desired. By rearranging the rooms, the layout of the house can be adapted at very low cost. Similarly, bedrooms, lean-tos and garages can be easily added on. **P.J.**

DOAZAN + HIRSCHBERGER (Paris)

House AND Garden ► This prototype follows a hard and fast principle of housing estate development which dictates that the various plots must be situated within a hierarchical arrangement of public space – roads for cars and footpaths for pedestrians – so as to create a secondary circulation network. This type of theoretical reasoning reappears in the choice of material – timber, chosen to help drive down market prices by initiating competition with concrete, currently the dominant construction material. More specifically, this proposal treats the living space and garden as one whole. It does not respect the principle of extension to the very letter, but does place importance on weaving links between exterior and interior spaces which can be later expanded. For example, it allows for sheds, as well as other functional and thematic spaces such as a paved courtyard next to the garage, designed as a D.I.Y. area, and a vegetable patch near the kitchen. The interior space is of linear form, with a pronounced front-facing gable, and is extended by a pergola. Entry to the dwelling is via the garage or along the party separation. The house is single level, and is on a slight overhang in relation to the garden, onto which the double-aspect living room opens sweepingly. **F.A.**

FASSIO + VIAUD (Paris)

Light Box ▶ A series of parallel sections defines this space of life: a large grass garden comprising three trees, a wooden terrace, the 100m² house, and lastly, a second garden composed of thickly planted bamboo designed to screen neighbouring views. The ensemble is positioned perpendicular to the road so as to open up greater vistas of the landscape while minimising views of the buildings. Only the wooden garages, positioned at the front of the houses, punctuate the street in alternation with the 2-metre high strapwork fencing. The single-storey houses open onto the gardens at ground level by means of the French windows fitted in each room. The plan is organised around a central through space – a 33m² living room, from either side of which can be accessed four 11m² rooms, namely 3 bedrooms and the kitchen. Two bathrooms are situated on the two far sides. The two long facades are made up of triple-walled cavity polycarbonate panels, set in an aluminium frame and fixed onto the timber structure. Inside, the horizontal rails that support the translucent cladding become shelves: these walls let in a flood of light and can be lined with books as well as various other objects. A third garden is formed by the roof terrace filled with foliage. **G.D.**

FRANÇOIS + LEWIS (Paris)

Jupilles ▶ Whether on the fringes of towns or villages – favourite settings for housing estates – this scheme illustrates that the design of a site does not have to be inspired by purely urban or rural elements, but can in some way fuse the two: here, in the form of an inhabited forest. The buildings, which comprise two houses placed side by side, are conceived as *béton brut* shells perched on stanchions, with their upper part concealed by a screen of greenery. These giant hedges, made up of evergreen and deciduous leaves (depending on the climate and environment), form a dynamically vibrant, constantly-evolving facade. Hemmed in by a wire fence which controls their growth, they also serve as a weather break. On the upper storey, composed of three bedrooms, cantilevered windows reach out into the depths of the surrounding foliage in search of light. The joinery of the mostly glazed ground floor is hidden by rustic planks of wood, accentuating the harmonious bond between architecture and nature. The living space extends beyond the interior confines of the house via the patios that provide openings in the midst of the dense hedges. **G.D.**

GALIANO + SIMON + TENOT (Paris)

The Sunken House ► Here the housing estate is perceived as something essentially bad to which we have to resign ourselves. The scheme proposes minimising certain negative aspects, notably parcelling of views, given that it is impossible to alter the parcelling of land. The ensemble is therefore conceived as a series of lines and dots, organised according to a plastic principle of creating tension. The lines are hedges that serve as dividers, while the dots correspond to the garages and entries to the dwellings. The house itself is dug 2.70 metres into the slope, its presence announced solely by a burgeoning roof terrace. It occupies half of a 10 x 14 metre quadrilateral, while the other half is taken up by a patio onto which all the rooms of the house open. The drawbacks of such a solution however, are that a) the entire space faces in one direction and b) on the assumption that 400m^2 is allotted to each parcel of land, the open garden is defined merely as a transitional or residual space – not really adaptable in any traditional way. **F.A.**

GRASER + WAGNER (Zurich)

Yin and Yang/Two-Part ► Governed by strict principles of rationality and economy, this house only possesses three facades: two solid ones arranged at right angles and a glazed one for light and views. Adjoining the right-angled triangle generated by this arrangement is its exact replica in polycarbonate – a twin translucent version of the first form, which doubles the habitable surface area in fine weather and acts as a screen on colder days. The first right angle accommodates traditional functions of the habitat: kitchen, bathroom, toilet, entry hall and staircase coiled against the north wall, while the living room and bedrooms are positioned within the wide section of the triangle, near the exterior. The second volume, of double height, is a space that houses somewhat vaguer, albeit vital functions, which can change depending on the season. It is a spontaneous and informal area – a substitute for the cellar and attic, serving as a conservatory, workshop, games room, junk room or lobby area. Thus interwoven, with each part drawing lifeblood from the other like the yin and the yang, the two sections of this house make up a compact and pivotal universe. A specific study is planned for the hypotenuse that marks the limit between the two spaces – declined in mostly glazed, open, yet eclipsed language – so that occupants can adapt it to a host of uses. **P.J.**

GUALLART + MULLER + RUIZ (Barcelona)

Scape House ► No longer any need to live in the city to be a city dweller now that we are in the Internet and Telecommuting Age. Targeted at the fifteen percent of the working population that handles symbols and information (consultants, lawyers, artists and other information systems people), this switched-on house (in all senses of the term) is the latest gadget that should be acquired after the mobile telephone and the modem. It complies with current standards, yet is highly efficient and a touch recreational, as well as being sophisticated enough to serve as a visiting card and sufficiently spacious to do a body work out in snatched moments. It is entirely glazed, since success has nothing to hide. Moreover, it is a well known fact that mutants suffer from neither the heat nor the cold. At least they appreciate the energy-giving vista of their own vineyards, all the while protected by a cloche, for a clearer view of the situation. **P.J.**

GUETTA (Paris)

Shell ► The design principle of this house is to construct a finished, vast and luminous volume from the very outset, and then to gradually incorporate the requisite decking inside. Co-ordinated by a one-metre grid, the facade and roof are punctuated with alternate panels in glass and metal, except for the party wall, which is left in breeze-block. The bathroom, toilet and storage cupboards are arranged against this opaque surface, while the bedrooms, living room and kitchen are set out on the other three sides, bathed in natural light. The specific characteristic of this house is that it is lofty (ground floor + 2 levels) and it offers the choice between a living room with double heights on each side, or more bedrooms. On the last level, there is a central open space which can be used as a games room, office or guest bedroom. Set back in relation to the facades and accessed by two wooden ladders, another option is to extend the floor of this area, thereby enlarging the habitable space. **P.J.**

GUIBERT + MILLET + SAMAHA with BESSON + MOSBACH (Paris)

Prefabricated fields ► Parkland is first and foremost created in this housing estate, so that the rows of trees can act as antechambers to the private space that makes up the dwelling. The proposal is prospective, inasmuch as it brushes aside the concept of dividing land into plots, and instead perceives the house as a shelter that is fundamentally unstable over time – in contrast to the park. The house is connected to the only pre-existing constructed element: the utilities network terminal, which is accorded sculptural treatment. Three formal variations on a single theme are proposed in line with this approach: a vast volume, around 9 metres high, is covered with a roof that can be curved, arched, or moulded into a circular arc that dips to the ground. Visually, this form remains extremely present inside the dwelling, since the different levels are treated as mezzanines which command global views of the space. **F.A.**

HENRIKSEN + LEVRING (Copenhagen)

Set square ► Here, two wings set at right angles to each other open onto a small outdoor terrace. Constructing houses to a small scale induces a greater degree of intimacy in the arrangement of rooms and encourages conviviality, inasmuch as the terrace becomes a point of convergence. By the same token, the house is brought closer to its environment: fitted with two exterior sheltered spaces, terrace and access path, it is inscribed within a square-shaped space which can be effortlessly joined onto other dwellings. Party walls are not however a must – the house can be quite as easily detached. Similarly, just as it can be endowed with a traditional private garden, it can also share a communal residential space in the style of US housing.

Inside, the diagonal between the two cubes opens up vistas and enhances the sensation of volume. The position of the terrace lends the house an introspective quality, focusing and magnifying the domestic orbit. The otherwise classical layout of the rooms is enriched by the double-height kitchen/dining room.

JAKOB + MACFARLANE (Paris)

Jigsaw ► In this richly eloquent proposal, the house, its access points and greenery all fuse into one entity – an ideal environment in which all the various functional elements slot into one other. The dwelling becomes a jigsaw piece where the right angle is banished and where sloping grassed roofs create an undulating artefact worthy of a Braque landscape.

A myriad of sizes and configurations can be conceived based on this interweaving principle. Likewise, there are numerous possible variations for the breadth of the paths and streets. The houses at times either touch one other or are spaced out and it is impossible to know which component determines the other, whether it be the road, the house, the plot of land or the other buildings. This habitat, woven seamlessly into its landscape, offers up an ode of worship to Mother Nature, forming the antithesis of those dwellings designed as individual architectural objects.

The layout of this garden city of the third kind may be somewhat difficult to decipher as a result of its repeated broken angles, although colour and vegetation can effectively serve as landmarks. At least it can be said that the ensemble breaks away from the monotony of typical housing estates and reduces the temptation of exceeding speed limits. The houses share a set of common principles: they are organised in crown-shaped fashion around a patio-garden; the rooms are all at ground level; and they are endowed with obtuse angles so as to allow spaces to flow into one another. A third bedroom can be easily added on to the two-bedroom/kitchen house type, thanks to the fact that the floor and roof for this is supplied upon initial delivery of the house.

The architects have added a touch of brutalism to the wallpapered surfaces: coloured-concrete floors and ceilings, combined with large sliding windows in natural aluminium. **P.J.**

JULLIEN + GORY (Paris)

12 x 12 (I was daydreaming on my patio when suddenly…) ► This is a "horizontal housing estate" comprising juxtaposed patio houses built on one level. The design principle of this habitat recalls that of "the horizontal housing unit" built by Adalberto Libera in Rome (1950-1954), which one of the architects, a former resident of the Villa Medici, undoubtedly visited. In this scheme however, the houses are arranged in rows rather than in "blanket" fashion, and each one boasts its own garden at the rear. The aim is to restore harmony between the individual character of a dwelling, its permanent contact with the ground and the need to join it with other constructions so as to create veritable urban linear arrangements.

The dwellings are set on a square 12 x 12 metre plan and are organised around a 4-metre long patio. This layout, which can be found the length and breadth of Europe, also includes a covered gallery which extends from the patio into the garden. This gallery adopts the form of a small exterior room that can be put to a number of uses: D.I.Y. space, lounge area, or bicycle storeroom. In the event of additions to the family, this space can also become another bedroom, accessible from the living room, simply by removing the latter's gallery-adjacent facade and replacing it with a partition.

The plan harbours other conversion possibilities: the purposefully large vestibule can be reshaped into a bedroom, while the living room can be raised so as to create a mezzanine area under a higher roof section.

The house is covered with a slightly pitched roof containing four valleys – a design concept which makes for some rather interesting interior volumes. **P.J.**

JUMEAU + PAILLARD (Paris)

Icon ► This scheme is a contemporary unbiased version of the "icon" of single-family dwellings – the archetype house with four walls and pitched roof that is collectively regarded as an indisputable given. The architects decided to set about revisiting this image by fusing the walls and the roof, a solution that completely transforms the dwelling into a mysterious monolith bearing no conventional display of materials. Similarly, there are no signs on this smooth-surfaced box of any gutters, chimneys, awnings or flower-adorned staircases. The only decoration as such is a small cubicle that forms the entry porch. The overall effect is one of tightly-drawn precision. While its structure is in traditional masonry, waterproof from top to toe, it is clad entirely in a hard material (plaster, wood, mesh, polycarbonate etc.), and/or is covered with climbing plants, depending on the occupants' tastes and budget.

Inside, the load-bearing grid allows for multiple combinations: a living room that can be through, longitudinal, or split into two diagonal spaces, double heights so as to create additional bedrooms etc. The large identical-design French windows, fitted with an overhang reveal, make variable use of the facade grid. On an urban level, this scheme addresses the issue of integrating the housing estate into its environment. As well as linking up roads to the network already in place, it is proposed that the plots follow the same layout, albeit in reduced size, as the existing natural parcels of rural land; this would create a flexibility in the plan and would maintain the logic of the former divisions of farmland. **P.J.**

LE K: HERMAN + SIGWALT + VERDIER (Paris)

Ordinary Housing/Polycarbonate Grange ▶ These houses, assembled two by two or four by four, are ordinary and unpretentious. They are characterised by their row plan and their winter garden, slotted between the lounge and garage so as to enlarge the habitable space in an economical way. This addendum is a large volume in corrugated transparent polycarbonate and has no predetermined function; in fact, this makes it all the more useful, since it is this type of free space that is so lacking in apartments and which makes living in a house such a pleasure.

The specific feature of this annex is that it has been made to resemble a modern "grange", by creating a large double-height area: 25m^2 floor space that extends alongside the living room, which already measures 34m^2. These measurements do not even include the other plateau above the garage that is available at no extra cost in addition to the set number of rooms.

This luxurious open space is a perfect setting for throwing large parties, or creating a workshop, conservatory, games area, summer house or whatever takes the occupant's fancy. Although the translucent wall surface of the grange perhaps slightly restricts complete freedom of use, it is this element which is crucial for distributing natural light to the interior spaces which mainly face only one aspect. **P.J.**

LACATON + VASSAL (Bordeaux)

Industrialised House/Maison Latapie ▶ The design concept of this house is to create as big a structural envelope as possible, by drawing on industrial construction techniques. A single-family dwelling based on this prototype has in fact already been built in the suburbs of Bordeaux, for a couple with two children.

Boasting a metal frame and fibre-cement/translucent polycarbonate cladding, the dwelling promotes neither stone nor the rustic style. Rather, it fervently campaigns for another vision of housing, in which luxury is defined in terms of space instead of materials. While this idea cannot be labelled innovative, it is rarely applied to single-family housing. The result: a rectangular plot that accommodates the house, measuring 12 x 10.50 metres in floor space, facing east-west and divided into two volumes. The first of these is the core of the house, containing the garage, kitchen and living room below with the bedrooms and bathroom above. The second is a polycarbonate conservatory with large veranda, situated on the garden side. The architects consider this as a totally separate living space that can be used throughout most of the year, or at least in certain parts of the world. It is fitted with spacious ventilation openings at the top as well as shading devices underneath the roofing. It can also be slightly heated during the winter months.

All the rooms, including the garage, face the street on one side and the conservatory on the other. Both the opaque and glazed facades incorporate folding leaf doors, and are hence extremely flexible: the house can be opened up or closed, depending on how much light, transparency, privacy, insulation or ventilation is required. Nonetheless, not one of the rooms opens directly onto the garden. **P.J.**

LACOSTE (Paris)

A Good Solid House/Poster ▶ Some people wear T-shirts that sport the words: "I'm fragile", or "I love nature". This "slogan house" carries the same kind of personal self-declaration. Delivered in an untreated state, it is of traditional design and solid enough to see through the decades and mortgage repayments. Once you've moved in you can run out to the D.I.Y. shop to buy the latest type of wallpaper: ready-to-fix exterior cladding. This is a translucent material, printed in four colours and stretched on steel opening frames. The ideal solution is to cover the whole surface with it, roof included. This will create a total camouflage, replacing not only the false brick facing and pinkish rendering, but also blinds (in open position) and curtains (in closed position). At night, the house shines like a lantern through its motifs.

For cost-reducing purposes, the architect has presented a limited catalogue of 21 different materials; but why not have each inhabitant produce his or her own creation? This way, the exterior of the house could become a picture rail displaying the talents of its occupants to passers-by, while inside, secrets and privacy are firmly kept under lock and key. **P.J.**

LAGESS + MACNAMARA (London)

Zed Zero Houses ▶ The design process is turned completely upside down in this scheme: instead of marking out first the primary roads, then the secondary roads, followed by delineating the boundaries of the plots and finally placing the houses in the centre, here the process is reversed. It is the living unit – in the broad sense of the term: house, garden and garage – designed to preserve privacy, that generates the end product. This is effected through assembling, juxtaposing, linking and looping communal spaces, meeting places, walking areas, games grounds, paths, "1st speed" and "2nd speed" streets, all with the aim of generating real community life rather than a jumble of isolated buildings. Two houses are joined side by side, in a way that enmeshes the maximum amount of light and unlocks as many views onto the garden as possible; at the same time, each unit must fit with the existing topography and vegetation, so as to lend a sensation of movement and blending with exterior spaces. The dwelling is composed of two storeys, and the staircase is naturally lit from above, thereby accentuating its verticality. A sunken area has been incorporated into the ground floor, resulting in a 3.20 metre-high living room. A range of different materials set side by side on a steel structure provides for a wide variety of facades: prefabricated concrete panels, hollow fired clay bricks and metal casing intermingle with different types of glazed, opaque, translucent and transparent surfaces. Finding the right combination of these materials is essential for ensuring not only comfort inside the dwelling, but also for controlling exterior views onto neighbouring houses and the parking bays. Overall therefore, the scheme calls for a subtle balance between creating an uncompromising interior and opening the structure out towards the exterior. **G.D.**

MARIN-TROTTIN + TROTTIN (Paris)

Picnic/Immersion ▶ This dwelling, square like a picnic cloth, is situated in a clearing. It is the perfect representation of the French dream house: peace and being at one with nature. Occupants can plant their own foliage on the banks beneath their windows, designed to screen private spaces. This fauna, that changes to suit the seasons, can be composed of broom, apple trees, rose-laurels, bamboo or mimosa, depending on the region. Mosses and climbing or scented plants reach right up to the window frames. 10 metres long, the interior is conceived as an open-plan area organised around a central humid unit: an airy, flexible space which even a car has the right to enter. Since the dwelling is naturally lit on all four sides, any form of arrangement and partitioning is possible.

To keep within budget, the construction draws on simple techniques: a base slab encircled by a peripheral low concrete wall forming a spandrel; 18 metal stanchions and insulated steel pans covered in waterproof coating and foliage that merges with its surroundings. The windows that run along the whole structure, together with the sliding wooden shutters, can be purchased in large D.I.Y. stores. The greenery is strikingly illuminated at night by lamps suspended from the facades. **P.J.**

MOUSSAFIR (Paris)

Slices of Life ► Two long parallel walls, set 5.50 metres apart from one another, delineate slice-shaped dwellings accompanied by their ancillary buildings and external extensions, which together make up essential slices of life. The various spatial elements are threaded in a row perpendicular to the street and are of identical width: the garage, patio, house and garden – initially private spaces which gradually become more public as they reach out to communicate with their neighbouring gardens. The interior of the house follows the same layout: on the ground floor, sunken by one metre, the rooms are set out in a row – the dining room that opens onto the patio, the kitchen area and centrally positioned one-flight staircase, followed by the living room that leads onto the garden. On the upper floor, the bathroom separates the two bedrooms. The structural system is made up of 7 modules of laminated beams, embedded on the upper level into the side walls within a 1.27 metre grid. They bear the weight of the deck and its floating wood floor, as well as that of the polycarbonate facade and roof panels. Junction components, half a grid wide, incorporate vertical opening lights which create communicating links between the house and its neighbourhood. **G.D.**

MVRDV: MAAS + VAN RIJS + DE VRIES (Rotterdam)

Ecology equals economy! ► Here, a peaceful, ecological and binding vision of the city is presented, achieved via "light" urbanisation. The city dissolves into an informal landscape characterised by low density and a somewhat anarchistic element. Seeking out the boundaries of utopia, the architects question what to do with today's city: make a museum of it or destroy it and let imagination step in on all fronts? Fine, but what about housing in all this?

The only response is that dwellings must be close to one another yet at the same time accorded enough land so as to fuse with nature. Some militant ecological principles are applied for this purpose: grass instead of asphalt access roads, non-chemical disposal of rubbish, electric heating to avoid gas pipes, mobile telephones to prevent telecom lines. Ecology, claim the architects, equals economy! **P.J.**

NICOLEAU + SCOFFIER (Paris)

The Ouranos – Gaïa House ► In this scheme, the housing estate is conceived as a draughtboard, in which the side of each square measures 15 metres. The plot itself is composed of two squares pasted to one another: the house and the garage take up a portion of one of these, while the garden fills the other. The ensuing staggered arrangement results in the formation of small communal squares, with the ensemble of dwellings accessed by a peripheral road. The scheme, whose name remains a mystery up until this very day, does not follow any predefined rules (it is neither an "architectured" house nor a "that'll do" dwelling, with thought given on possibilities for future extensions). Instead, it proposes a finished product stamped with a formal definition – which can always induce a "love at first sight" scenario. It is based on an imitation of the car, so as to create a long streamlined building, with a complex set of roofs. The interior is organised around a prefabricated central services core and decorative elements serve to heighten textural effects that stem from the use of "poor man's" materials: metal-grating staircase, secured polycarbonate glazed roof and a three-ply wooden floor. **F.A.**

RICHALET (Paris)

A castillo de viviendas ► This housing estate is a demarcated enclosure measuring 60 x 167 metres. Its outer wall is made up of 16 houses, accessed by a road that runs around the exterior of the enclosure. At the core of this ensemble is a park – half-orchard, half-public space – equipped with a few amenities. The village is not intended to increase in density, but rather to be cloned, keeping a minimal 500-metre distance between two entities. 10 metres long and 5.90 metres wide, each house is modelled on the same prototype, based on an original construction system: the 45° pitched roof is laid on a concrete wall plate and purlin, supported by four corner studs and separated from the decking. This solution heightens the roof, enabling a window to be inserted in the lower part, thereby creating a space that can be easily arranged at a later date. Since the design proposal only contains one storey, the facade is non load-bearing and can therefore be treated in any number of ways. An "outer skin" of roundwood props and thatched roof provide the finishing touches. **F.A.**

ROCHE, DSV & SIE (Paris/La Réunion)

Sweety ► Careful, this house isn't protected against a nuclear attack (for although this may now be an outmoded threat, isn't it true to say that life is just one big circle?), nor is it shielded from the bacteriological conflict (which is back in fashion since the Gulf War), nor from pollution (really "trendy"), nor from the heat and cold (age-old dangers). On the other hand, it does nab those vulgar little prowlers who've forgotten to bring along a pair of cutters, for its roof and facades are made up of polycarbonate sheets, lined with a cloud of barbed wire. Cat burglars can take all the time they want to gaze upon the 120m² open space below and its occupant, who you can bet is alone, for as Sartre said, "hell is other people". **F.A.**

SCHMID + STEINMANN (Basel)

The Plus House ► This scheme is underpinned by reflection on combining volumes via extensions. It is conceived as two basic modules: a block for the garage (interior sides of 2,80 x 5,20 meters) and a block for the two-storey house (9,20 x 5,25 meters), purposefully dissociated so that an additional bedroom on the ground floor and two rooms on the upper level can be slotted in between the two parts. The overall unit is positioned on an extremely narrow plot facing the road, with a small front garden surrounded by a low wall and a rear area with undefined boundaries. Various combinations provide for different types of facade designs. Another formula – only briefly touched upon here – is to dig the garages partially into the ground and lay housing units above in an overlapping arrangement, thereby opening up space for balconies. The basic habitation unit also functions according to this same principle of modules: it is structured around a core services unit prefabricated in wood, composed of the kitchen, storage area, staircase and bathroom. A 4m² entrance is situated at the front, adjoining a dining room, and a 20m² living room is positioned at the rear with two bedrooms on the first floor. **F.A.**

SOUQUET + DEFRAIN with VERGELY (Paris)

Wall Houses ► The underlying ambition here is to establish a site, mark out boundaries and create something urban. The first step is therefore to draw up a zoning plan, define requisitioned sections of land and then slot together the pieces of the jigsaw that will allow a community to develop. Three types of area are juxtaposed: terraces clad in prefabricated slabs of concrete which determine the positioning of the house; road network with coloured binding agents that serve the plots in random fashion; gardens vegetable patches and orchards whose spaces create a flow of visual sequences; and lastly, with a view to generating an overall structure, a network of breeze block walls defined as a 2.50-metre high horizontal line. Thick though these walls may be – 60 centimetres – they are nonetheless ingenious inasmuch as they take on different functions along their way: they separate parcels of land, act as ground floor walls and safeguard privacy. Similarly, they are deep enough to store garden utensils, lodge a barbecue or, in the dwelling itself, accommodate kitchen units. Lastly, they are equipped with a grid of metal girders which support the construction of the house and its extensions: living areas and garage on the ground floor, with the bedrooms, made up of a light frame structure and metal cladding, on the upper storey. **G.D.**

STIMULUS: MARCO + THIRODE (Paris)

The Garden House ▶ This dwelling is wedged into the edges of the access road, creating a kind of "buffer area" designed to protect against the noise and pollution of the street and preserve the privacy of occupants. A hedge borders the pavement, the entrance path twists and turns, and the interior ground floor is slightly higher than that of the street, hiding the windows from inquisitive gazes of passers-by. In addition, the functions positioned along this facade are all "secondary" (services), incorporating storage cupboards, bathroom and kitchen. Interior spatial flows are therefore fluid, and there is no wasted space, given that all the rooms are arranged successively, with a circulation zone running the length of the facades. This organisation frees up 87m² usable space, including two bedrooms of very different sizes, a clearly defined eating area and a room with no set function – the antechamber. The house can be enlarged by a number of transplants: a unit grafted onto the façade, another above the car port and a third isolated at the rear of the garden. As a final touch, the proposal includes a striking curved steel roof and brick/polycarbonate partitions bearing the modernist stamp of Jacques Tati. **F.A.**

VIIVA ARKKITEHTUURI OY: LEHTINEN + MAKI + PELTOLA (Helsinki)

Open space ▶ This scheme concentrates on minimising defined living space: while taking on board permanent and ongoing requirements, maximum possibilities are built in for future reconfiguration and occupants are left completely free to create their own daily environment.

The dwelling occupies a rectangular space delineated by two load-bearing walls, the roof, the floor and a fixed services core comprising the kitchen, bathroom, toilets and service ducts. The area around is left free for the client to arrange at will. Shallow alcoves, cupboards and sliding doors leave a number of options open for partitions, while the play between permanency and flexibility should allow the house to adapt to changes and meet occupants' needs on every level. Limited choice of construction materials echoes the Spartan architectural vocabulary: glue-laminated timber frame, birch plywood cladding, roof in folded galvanised steel sheeting, entrance facade in sandblasted glazing and garden facade in translucent glass, preceded by a raised wooden terrace.

VOLATRON + VETTIER (Poitiers)

Open House ▶ Today, a longer life span for grandparents coupled with increasingly prolonged studies for young people, mean that three generations of adults are often led to live under the same roof. Given that each person has his own way of living and specific goals to achieve, this kind of situation is by no means easy. The interior spaces of this house therefore seek to create the right conditions for living together in harmony, by guaranteeing each person a degree of autonomy within the family unit. These spaces are made up of 5 successive sections, 3 metres wide, corresponding to the bedrooms, kitchen area, bathroom or, when doubled, the living room. Each room has its own opening overlooking both the courtyard (adjoining the street) and the garden (at the rear). They are all linked with one another in a conventional way, i.e. transversally. This dwelling also features other characteristics: the bedrooms can be divided via a floor-to-ceiling cupboard, it is timber-framed, and is kitted out with a garage and storeroom. Insofar as extending the habitation is concerned, this is directly related to the cost of the construction. The designed space corresponds to a five-roomed dwelling, but the architects suggest that future occupants bear the costs for a portion of the finishing works. **F.A.**

MATÉRIAUX / CONSTRUCTION MATERIALS

VITRAGE	GLAZING
PANNEAU	PANEL
VOLET FIXE, OUVRANT, ORIENTABLE	
	FIXED, FOLDING AND ADJUSTABLE SHUTTER
BARDAGE	CLADDING
ARDOISE	SLATE
BRIQUE	BRICK
BOIS	WOOD
GRILLAGE	WIRE MESH
PLASTIQUE	PLASTIC
PANNEAU SANDWICH	SANDWICH PANEL
ACIER LAQUÉ	LACQUERED STEEL
PLAQUE ONDULÉE	CORRUGATED SHEETING
MÉTAL	METAL
PARPAING	BREEZE BLOCK
BÉTON	CONCRETE
BAC ACIER	STEEL PAN
ISOLANT	INSULATING MATERIAL
ENDUIT	COATING
CAILLEBOTIS	GRATING

TRAVAUX / CONSTRUCTION WORK

FONDATION	FOUNDATION
STRUCTURE	STRUCTURE
PEAU	OUTER LAYER
CLOISONNEMENT	PARTITIONING
ÉLECTRICITÉ	ELECTRICITY
CHAUFFAGE	HEATING
PLOMBERIE/SANITAIRE	PLUMBING
MENUISERIE BOIS	WOODWORK
CLOISON/DOUBLAGE	INTERIOR WALL/LINING
PLANCHER	FLOOR STRUCTURE
MENUISERIE EXTÉRIEURE	EXTERIOR JOINERY
AMÉNAGEMENT PAYSAGE	LANDSCAPING
VÊTURE	DECORATIVE CLADDING
CLÔTURE	FENCING
SERRURERIE	HARDWARE
ASSAINISSEMENT	DRAINAGE
ÉTANCHÉITÉ	WATERPROOFING
GROS-ŒUVRE	SHELL OF THE BUILDING
CHARPENTE	STRUCTURAL FRAMEWORK
MÉTALLERIE	METALWORK
REVÊTEMENT DE SOL	FLOORING
FAÇADE VITRÉE	GLAZED FACADE
COUVERTURE	ROOF COVERING
PEINTURE	PAINT
CARRELAGE/FAÏENCE	FLOOR/WALL TILING
OSSATURE BOIS	TIMBER FRAMING

ÉLÉMENTS DE CONSTRUCTION / CONSTRUCTION ELEMENTS

TOITURE	ROOF
POUTRE	BEAM

BITUME	BITUMEN
PORTE-FENÊTRE COULISSANT	
	SLIDING FRENCH WINDOW
FAUX-PLAFOND	FALSE CEILING
CLOISON MOBILE	MOVABLE PARTITION
POTEAU	STANCHION
BÉTON ARMÉ	REINFORCED CONCRETE
BÉTON COLORÉ	
	CONCRETE WITH COLOURING AGENT
TOIT TERRASSE	ROOF TERRACE
ACROTÈRE	PARAPET WALL
DALLE	PAVING
COUVERTINE	COPING
MODULE	DESIGN MODULE
PARQUET	PARQUET FLOORING
MURS	WALLS
BARDAGE	CLADDING
PAROI	WALL SURFACE

TYPES D'ESPACES / TYPE OF SPACES

AUVENT	CANOPY
JARDIN	GARDEN
SERRE	GREENHOUSE
APPENTI	LEAN-TO
REMISE	SHED
VERRIÈRE	GLAZED ROOF SECTION
BUANDERIE	UTILITY ROOM
CUISINE	KITCHEN
CHAMBRE	BEDROOM
SALLE DE BAIN	BATHROOM
ENTRÉE	ENTRANCE
SÉJOUR	LIVING ROOM
SALLE À MANGER	DINING ROOM
GARAGE	GARAGE
BIBLIOTHÈQUE	LIBRARY
PATIO	PATIO
VÉRANDA	VERANDA
SANITAIRE	BATHROOM AND WC
DRESSING	DRESSING ROOM
DÉGAGEMENT	PASSAGE SPACE
ATELIER	WORKSHOP
COULOIR	CORRIDOR
POTAGER	VEGETABLE GARDEN
PERGOLA	PERGOLA
TERRASSE	TERRACE
PORCHE	PORCH
DÉBARRAS	BOXROOM
PIÈCE DE JEU	GAMES ROOM
RANGEMENT	STORAGE
PLACARD	CUPBOARD
BUREAU	STUDY
CHAMBRE D'AMI	GUEST ROOM
GRANGE	OPEN-PLAN AREA
CIRCULATION	CIRCULATION
PALIER	LANDING

36 modèles
pour une Maison

RESULTATS
DE L'APPEL D'IDEES
LANCE PAR
L'ASSOCIATION
PERIPHERIQUES
AUPRES
D'ARCHITECTES
ET DE PAYSAGISTES
EUROPEENS
POUR CONCEVOIR
UNE MAISON
INDIVIDUELLE DE
3 PIECES D'ENVIRON
100M², EXTENSIBLE
A 5 PIECES, DONT
LE COUT GLOBAL
S'ELEVERAIT A
499.900 F TTC,
HONORAIRES
DE L'ARCHITECTE
COMPRIS.

36 modèles
pour une Maison

Nous remercions,
tous les architectes et paysagistes
qui, par le don de leurs reflexions,
ont permis de mener
à bien cette étude.

Nous remercions,
Francis Petit et Alain Hamon
du Bureau d'Etudes Techniques
GEC ingénierie qui a réalisé
l'estimation de chacune
des maisons présentées
dans cet ouvrage.

Nous remercions
les personnes qui ont soutenu
et accompagné ce projet :
Françoise Arnold, Xavier Barral,
Nicolas Borel, Joël Cariou,
Anne Chevry, Gilles Davoine,
Anne Debarre, Christian Enjolras,
Odile Fillion, Pascale Joffroy,
Francis Lacloche, Pierre Lajus,
Marie-Christine Loriers,
Jacqueline Miro, Jean-Jacques Terrin,
Danièle Valabrègue, Christophe Valtin.

Ce catalogue a été réalisé par

Françoise Arnold, Gilles Davoine,
Anne Debarre, Francine Fort,
Pascale Joffroy ET PERIPHERIQUES
textes

Nicolas Borel
photographe

Atalante, Paris
conception et réalisation graphique

Imprimerie Blanchard
photogravure et impression

L'effort de la reconstruction et les préceptes du mouvement moderne ont poussé des générations d'architectes à réfléchir à l'habitat collectif.

C'est sous le couvert de la pensée, urbainement correcte, qui fait de l'individualisme une faiblesse et de la ville et du logement collectif le seul avenir des sociétés modernes, que notre profession s'est désintéressée de la maison individuelle ordinaire.

« A la recherche de la Maison modèle... »

Depuis quinze ans, la société populaire idéalisée des années de la reconstruction, solidaire et collective, a doucement fait place à une population plus autonome qui souhaite collectivement accéder à un bonheur individuel. Aujourd'hui, la réorientation de la politique de l'aménagement du territoire confirme la volonté d'une augmentation de la masse pavillonnaire. Retour donc à la ville horizontale, espérée par les accédants comme un mode de vie idéal en rupture avec l'aliénation des cités périphériques, des centres ville trop chers ou des centres de bourgs obsolescents.

Pour PERIPHERIQUES l'opposition entre le collectif et le pavillonnaire est vaine. Elle correspond à une vision manichéenne de la société qui a permis d'une part à nos prédécesseurs, sous prétexte de position idéologique, de ne pas se poser de questions et d'autre part aux constructeurs de régner sur un marché « maudit » mais bien réel.

Les grands perdants de cette absence de positionnement des architectes et des urbanistes, dans ce débat, sont à notre sens : le paysage, l'environnement et les habitants. Les villes, les bourgs ou les villages s'agrandissent en « mangeant » de plus en plus le paysage qui les borde. L'extension de ces zones à habiter se fait au moyen du lotissement. Plus que le principe même du découpage, nous pensons que c'est la manière dont il est conçu qui est à revoir. Ces lotissements consistent presque toujours à investir un terrain si possible vide et à urbaniser. Il faut le rendre le plus plat possible (supprimer les accidents du terrain) et éliminer toute la mémoire du lieu avec sa végétation. On crée une voirie pompier en asphalte qui aboutit à un rond point. On la borde de candélabres à boule. On installe les coffrets des concessionnaires à la limite des parcelles grillagées d'environ 400 m² et du trottoir à bordures béton P2. Par la suite, on pose bien au milieu et sur une petite butte la fameuse maison avec son toit à deux pentes, sa façade avec sa porte et ses fenêtres en bois rustique, une petite pergola en poutres apparentes et son enduit gratté « ton pierre ». Sans oublier le garage qui sert aussi de coin bricolage, le tout pas trop éloigné de la cuisine pour le retour des courses.... Le plan de ce lotissement ressemble en général à une marguerite, et au mieux à un vrai faux « village comme avant », mais avec tout de même de vraies voitures comme aujourd'hui. Nous retrouvons cette description à peine caricaturale sur tout le territoire français et européen.

Les responsables publics et privés reconnaissent la médiocrité de ce qu'ils produisent, mais ils invoquent le manque de moyens et donc la recherche de l'économie.

Pour PERIPHERIQUES, au-delà des moyens, c'est la facilité et l'absence de remise en questions des solutions existantes qui est responsable.

Nous pensons que les consommateurs-habitants sont privés de choix : la maison est devenue un bien de consommation qui se cache encore derrière l'image de l'investissement à long terme et qui n'intègre pas la nécessaire diversité de l'offre.

Aussi, nous semble-t-il urgent de poser les questions et de proposer des pistes de solutions. Notre rôle ne peut se borner à construire banalement, nous devons être engagés dans notre époque. Nous pensons que notre génération d'architectes se doit d'être une force de proposition auprès des décideurs pour prouver que dans un cahier des charges précis et réaliste, une alternative existe au lotissement banalisé et à sa fameuse maison sans identité. Les « maisons d'architectes » sont d'une qualité reconnue, mais il manque aujourd'hui un nouveau type d'habitat individuel, produit d'appel pour les petits budgets. Son invention permettra de créer une maison de qualité sur mesure dont le prix, en limitant les intermédiaires, sera au plus proche du coût réel de la construction.

Y a-t-il trente-six façons de concevoir un habitat individuel?

Nous le pensons, et pour en faire la preuve, PERIPHERIQUES a invité trente-six architectes européens à répondre à cet appel à idées. Pour bénéficier d'un nécessaire échange d'expériences et de mode de vies, PERIPHERIQUES a demandé à chaque architecte de réfléchir à la conception d'un nouveau mode d'habitat individuel correspondant traditionnellement à une maison de trois pièces, pouvant facilement évoluer vers quatre et cinq pièces. Cette maison, son garage et le traitement du jardin et de ses clôtures devant s'inscrire dans un coût global de 499 900 francs TTC, honoraires d'architecte compris.

La réflexion amorcée sur cet habitat s'étend au rapport de voisinage qu'il entretient avec une maison voisine puis avec deux, trois, quatre, et dix, et à l'urbanisme que cet ensemble génère.

Pour nous permettre d'élaborer une étude générale concrètement ancrée dans les réalités économiques, PERIPHERIQUES a fait appel aux services du B.E.T. GEC INGENIERIE partenaire de l'opération qui a chiffré le projet de chaque architecte et paysagiste.

Cette somme de réflexion sera, pour PERIPHERIQUES, à la base d'une recherche de partenaires en vue de la conception d'un quartier prototype.

PERIPHERIQUES

arc en rêve centre d'architecture développe depuis sa fondation en 1981 un projet de communication sociale et culturelle dans le champ de l'architecture, de l'urbanisme, du design et du paysage. Expositions et conférences, ateliers pour les enfants, éditions, voyages, appels d'idées sont autant d'actions pour sensibiliser les différents publics à la création contemporaine internationale.

Un enjeu social et culturel

Dans le cadre des manifestations prévues pour la célébration de l'an 2000, arc en rêve prépare une grande exposition centrée sur la question des mutations urbaines associées au déploiement des nouvelles technologies. A cette occasion arc en rêve propose notamment que Bordeaux soit un site d'expérience pour la mise en chantier de maisons individuelles qui allient qualité architecturale et budget économique.

L'initiative de PERIPHERIQUES croise cette proposition. C'est pourquoi arc en rêve centre d'architecture s'associe à la réalisation de l'exposition « 36 modèles pour une maison ». L'appel à projets lancé par cette association de jeunes architectes qui militent pour l'architecture dans un domaine où le plus souvent l'imagination est absente, la modernité aussi, montre qu'il est possible de faire œuvre d'architecture avec un budget équivalent à celui d'un pavillon traditionnel.

Mais pourquoi vend-on autant de maisons sans architecture ? S'il est vrai que les constructeurs ne favorisent par l'intervention des architectes, force est de constater dans l'habitat individuel que les gens sont terriblement conformistes, alors que le design toujours renouvelé de l'automobile et des objets domestiques est parfaitement intégré dans les comportements. Sans doute la justification technique rend-elle l'innovation plus familière.

Il y a quelque chose d'archaïque dans le rapport imaginaire que chacun, chacune entretient avec la maison.

La question de l'offre et de la demande entre là en résonance avec l'enjeu culturel de la création artistique.

Francine Fort
directrice d'arc en rêve centre d'architecture

11

Questions

Qu'est-ce qu'une maison ?

Qu'est-ce qu'un « chez-soi » ?

Pourquoi acheter une maison ?

Une maison peut-elle être encore un patrimoine ?

Une maison est-elle un produit de consommation ?

Une maison doit-elle être facilement extensible ?

Une maison doit-elle être représentative de ses habitants ?

A quoi doit ressembler une maison à l'aube du XXIe siècle ?

Quelle part du budget, en pourcentage, doit être investie dans le terrain et dans la maison ?

Quel peut être le prix global d'une maison et de son jardin ?

Quelle doit être la durée de vie d'une maison ?

Quelle taille la parcelle doit-elle avoir ?

Quelles sont les limites de la maison ? du jardin ?

Quels rapports la maison doit-elle entretenir avec une maison voisine ?

Quels rapports la maison doit-elle entretenir avec deux maisons voisines ?

Quels rapports la maison doit-elle entretenir avec quatre maisons voisines ?

Quels rapports la maison doit-elle entretenir avec dix maisons voisines ?

Quels rapports ses habitants doivent-ils entretenir avec leurs voisins ?

Quel rapport les voitures doivent-elles entretenir avec le bâti ?

Quel rapport le bâti doit-il entretenir avec son environnement ?

Quels sont les rapports entre les habitants de milieu pavillonnaire et la ville la plus proche ? Pourquoi ?

Quel rapport entre l'espace public et l'espace privé ?

Qu'est-ce que ces rapports de voisinage ont à voir avec l'architecture ?

Le lotissement pavillonnaire est-il la seule solution économique à l'habitat individuel ?

Qu'est-ce qu'un lotissement ?

Pour qui fait-on un lotissement pavillonnaire ?

Quelle est la durée de vie de l'urbanisme pavillonnaire ?

Peut-on le faire évoluer ? le recycler ?

Cette forme urbaine est-elle figée ?
est-elle le début d'un processus d'urbanisation ?

Quels rapports le lotissement doit-il entretenir avec la ville ou le village ?

L'architecture d'une maison doit-elle avoir un rapport
avec la région où elle se trouve ?

Qu'est-ce que le régionalisme ?

Le régionalisme est-il d'actualité ?

Que représente le style du point de vue de l'ascension sociale ?

Quelle peut-être l'image de la maison ?

L'architecte doit-il être subversif ?

Doit-il « illustrer » les attentes du client ?

Doit-il flatter, exalter les désirs préexistants ?

Qu'est-ce que la modernité ?

La modernité semble être devenue un moyen d'affirmation sociale :
téléphone, voiture, télévision, Hi-Fi, pourquoi la maison
échappe t-elle à cette vague ?

Pourquoi notre société que l'on définit essentiellement selon son modèle
de production, joue-t-elle à propos de l'habitat sur une esthétique
pré-industrielle ?

Quelle attraction la rusticité a-t-elle ?

Pourquoi le besoin d'échapper à l'urbanité ?

Comment peut-on réagir aux réglements d'urbanisme des communes
qui imposent un style et un vocabulaire architectural restrictif ?

Comment sont déterminés les réglements régionaux en matière d'habitation ?

En matière de lotissements, le rôle des Plans d'Occupation des Sols (POS)
doit-il être remis en question ?

Les architectes étaient-ils fâchés avec la maison individuelle ?
Ils ont pu justifier cet abandon de multiples façons, en évoquant
les modes de production, la mainmise des constructeurs sur ce
marché, les raisons idéologiques liées à ce type d'habitat « individualiste » et à son caractère anti-urbain. Quelles qu'en soient

Des maisons
alternatives

les raisons, ce déni n'a pas empêché le phéno-
mène de se développer. La maison individuelle
est une réalité pour plus de la moitié de la
population française qui y habite. Elle conti-
nue à alimenter les rêves des Français puisque
65 % d'entre eux souhaiteraient accéder à ce mode d'habitation
et pour cela, 58 % sont favorables au recours à l'architecte qu'ils
tiennent pour détenteur d'un réel savoir-faire[1].

Aussi l'initiative de cette consultation lancée par l'association
PERIPHERIQUES, singulière dans ce champ quasi-déserté, a-t-
elle le mérite d'infléchir cette situation paradoxale. Ces jeunes
architectes ont la conviction que leurs réflexions peuvent contribuer à améliorer formes architecturales et urbaines de cet habitat
alors même que des politiques comme des habitants l'attendent
aujourd'hui[2]. Incités par cette demande émergente – certains
citent la réussite des meubles Ikéa ou des montres Swatch –,
ils entendent constituer une offre alternative aux maisons individuelles actuelles : offre nouvelle pour les architectes sur le
coût annoncé[3], offre d'architecture savante sur le créneau des
constructeurs.

Cette consultation aboutit à une quarantaine de projets de jeunes
architectes européens, dont l'ensemble est lui-même à l'image de
la nouveauté du sujet : certains sont provocateurs quand leurs
auteurs restent en position de défiance vis-à-vis de la maison individuelle, les autres gardent un caractère expérimental tant qu'ils
ne seront pas pensés en situation. Néanmoins, le grand intérêt
de cette initiative aura sans doute été d'ouvrir des pistes à la fois
pour les architectes qui travailleront sur cette question à nouveau

jugée digne d'intérêt et pour le public auquel ces projets prouvent qu'une maison économique n'est pas inéluctablement un produit sans architecture.

Les questions posées par PERIPHERIQUES étaient ambitieuses puisqu'elles débordaient la conception même de la maison pour se pencher sur le problème des lotissements, bien souvent liés à cet habitat. Verrues sur les bourgs et les villages, lèpre de la périphérie des grandes villes, les formes des lotissements actuels de maisons individuelles sont dénoncées depuis longtemps par les architectes et leurs effets sociaux suscitent l'inquiétude récente des politiques.

Penser une maison avec d'autres sans site défini s'est révélé être un exercice difficile pour des architectes qui revendiquent la spécificité de leur projet liée à une inscription dans un lieu donné. Cette absence a autorisé quelques utopies ou différents biais ont été imaginés pour y pallier.

Préserver les sites naturels constitue une première piste de réflexion. Pour un impact minimal, des architectes enfouiront leur maison dans le sol et dessineront un paysage ponctué par les volumes parallélépipèdiques des entrées et des garages. Une maison elle-même est pensée comme une simple ligne, une autre est dissimulée derrière un rideau d'arbustes choisis en fonction de la région. Pour vérifier son adaptabilité, des architectes ont dessiné leur projet dans différents scenarii, forêt, île, carrière, sur des toits d'immeubles urbains ou encore dans un tissu existant alors densifié.

D'autres ont choisi d'intégrer le projet dans des tissus constitués. Un architecte choisit une parcelle volontairement quelconque pour des implantations banales dans un quartier péri-urbain aux architectures diversifiées. La réalité de l'étroitesse des parcelles en secteur diffus, l'attention à l'histoire du lieu par une reprise du parcellaire en lanière conduisent de nombreux architectes consultés à implanter leur maison perpendiculairement à la rue. Position contraire à celle des maisons sur catalogue aux longues façades principales qui donnent ainsi à voir leur importance (ou plutôt à y faire croire), ce choix de présenter ainsi la largeur du bâtiment permet de réduire le linéaire et donc le coût de la voirie d'un lotissement, tout en protégeant davantage l'intimité des habitants.

Cette question du rapport de la maison à ses voisines est aussi celle des frontières entre espace privé et espace public. Alors que le bâtiment aurait pu être pensé comme un volume autonome percé sur toutes ses faces, la plupart présentent d'une part, des murs aveugles pour pouvoir s'accoler, d'autre part, une façade urbaine peu ouverte sur la rue – un avant –, préservant le caractère privé des pièces qui donnent sur le jardin – un arrière –. Ou bien il s'entoure d'un écran végétal protecteur et d'un fossé ou encore devient à l'extrême une boîte noire fermée à l'extérieur et éclairée par un patio intérieur.

Ce repli de la maison sur elle-même ne signifie pas pour autant le désintérêt pour les espaces collectifs : du regroupement des boîtes aux lettres au terrain de jeu, est souvent proposée toute une gamme de lieux partagés dans ces ensembles. Et si, en l'absence de site structurant, les architectes sont limités à organiser une régularité ou au contraire une irrégularité et les tracés de ces lotissements gardent un caractère formel, la dialectique privé/public constitue un guide.

Enfin, une limite était induite par les questions initiales, celle de composer avec soi-même. Fallait-il accepter la répétition d'un modèle ? *Un quartier ne peut pas naître du clone multiple d'une maison* diront certains. D'autres s'attacheront à introduire quelque variété : ici ce sont les parcelles qui sont déformées petit à petit, là les maisons sont différentes, ailleurs les modes d'assemblage des unités d'habitation sont diversifiés. Mais peut-être l'exercice suivant consisterait-il à composer ensemble ces quarante maisons et/ou d'autres ? La mixité d'architectes et donc d'architectures paraît indispensable pour des ensembles de maisons individuelles de qualité, ce que reconnaissent nombre de candidats, ce qu'une équipe a suggéré en jouant le jeu entre ses différents membres.

A la question de la maison modèle, la réponse des architectes consultés est claire : il ne peut y avoir de maison modèle, un projet de maison est unique : les maisons proposées se déclinent de multiples façons, réintroduisant ainsi la spécificité de la démarche architecturale dans ce projet.

Pour certains, la maison reste à l'état de concept, elle n'a pas d'image prédéfinie. Ainsi l'une des maisons se compose-t-elle à partir de modules qui en définissent le plan, le volume, au gré des clients. Ceux-ci doivent intervenir dans de nombreux projets sur l'apparence de la maison : ils décideront des percements de celle-ci, choisiront la forme de la toiture de cette autre, ils habilleront celle-là de différents matériaux ou bien de toile aux imprimés variés ; le choix de cette peau peut aussi être lié à un contexte régional.

La maison n'est pas un projet figé dans le temps. La question initiale des extensions a été prétexte pour des architectes à introduire des variantes. Ici le volume originel se modifiera par l'adjonction de pièces supplémentaires. Ailleurs, ce sera un plancher qui sera créé sur un vide ou des combles qui seront aménagés ou encore une galerie qui sera close, une cloison-placard qui se déplacera. Les espaces à affectation floue (vestibule, bureau, lecture) présents dans différents projets peuvent être appropriés de façon variable par les habitants, dans la durée et/ou selon le moment. Ce temps est aussi celui du quotidien : les portes coulissantes modifient dans la journée des lieux habités ; le jeu des volets, le mouvement de leurs lames renouvellent l'aspect de façades, comme la végétation, qui en recouvre certaines, selon le rythme des saisons.

Des architectes proposent également des maisons flexibles qui se composent en fonction du groupe familial, en fonction des modes de vie. Cette flexibilité est permise dans de nombreux projets par le regroupement dans une bande servante ou un bloc central des espaces fixés par leurs équipements techniques. Dans une même enveloppe ou à partir de combinatoires de modules, sont alors proposées différentes distributions.

Celles-ci reflètent deux positions : la volonté d'être au plus près d'une demande sociale majoritaire conduit à des organisations relativement banales ; ou bien la modernité déjà lisible à l'extérieur se retrouve dans des plans très ouverts : peu d'espaces sont dévolus à la circulation, l'entrée est réduite voire inexistante – les espaces extérieurs de transition avec la rue jouent ce rôle d'intermédiaires –, les cuisines sont très souvent ouvertes sur le séjour, celui-ci bénéficie de grands espaces tandis que la surface des chambres est minimisée. Le choix de ces distributions plus proches de celles de maisons de vacances que de celles d'appartements urbains suggère-t-il que la vie quotidienne peut être différente dans une maison individuelle – à l'image d'une maison caravane comme la propose une équipe – ?

A la maison individuelle sont attachés des éléments symboliques que certains architectes se sont appliqués à reprendre. Le toit constitue sans doute un dispositif sensible : des architectes ont dessiné des couvertures en pente de façon délibérée pour ce programme, tandis que d'autres ont planté leurs toits-terrasses. Des cheminées ont été prévues. Les maisons comportent plusieurs niveaux ou, au contraire, sont de plain-pied : la question des étages ne fait pas l'objet d'une réponse consensuelle. S'ouvrir sur le ciel est aussi un possible que des architectes ont proposé. Avec un réalisme bien pragmatique, la place de la voiture n'a pas non plus été évincée : elle fait partie obligée de la vie de ces habitants, son emplacement est intégré dès la conception originelle de la maison ; et puis le garage est aussi potentiellement un atelier, une salle de jeux, un espace appropriable occasionnellement ou dans le futur, comme l'ont souligné certains.
Le jardin est aussi un espace indissociable de la maison individuelle. Il se décline sous diverses formes dans les projets : jardin intérieur – patio –, jardin d'hiver, terrasse, cour, jardin d'agrément. Il est parfois dessiné, souvent équipé : les abris et remises, coulisses du jardin, sont prévus dans des projets, un rideau qui se tire et flotte dans le vent lui confère un caractère de pièce.

Enfin, l'ensemble des projets montre que c'est à (re)trouver une poétique de la maison que se sont attachés les architectes dans cette consultation, et ce, malgré et avec une économie drastique. Celle-ci a présidé au choix de techniques légères – ossature bois ou métal –, de matériaux nouveaux – bardage bois, métal, polycarbonate, etc., cloisons en Triply, sols en béton brut ciré –, qui rompent avec le registre des maisons de maçons, mais s'inscrivent dans une recherche du pouvoir évocateur des matières, des jeux avec la lumière – le transparent, le translucide, le filtré –. Certains architectes se sont appliqués à conserver des surfaces habitables importantes, qui atteignent parfois de plus de 100 m², de grands volumes avec des hauteurs sous-plafond élevées et/ou des doubles hauteurs : c'est la quantité de l'espace habitable proposé qui est préférée. D'autres resteront dans des surfaces plus modestes, 70 m², mais investissent dans des formes plus complexes. Le choix entre ces deux options en revient aux habitants. Ces projets montrent que l'économie ne conduit pas à une réduction des prestations mais à des propositions différentes. Ils montrent aussi que les architectes savent dessiner de vraies maisons à ce prix.

Anne Debarre
**enseignante - chercheur
à l'école d'architecture de Paris - Villemin**

1. Sondage Ipsos/le Moniteur, « Logement. Ce que veulent les Français », *Le Moniteur*, n°4509, 27 avril 1990.
2. comme ont pu le constater sur le terrain, les architectes des CAUE.
3. 500 000 francs TTC, plus proches du coût moyen d'une maison, évalué aujourd'hui à 450 000 francs, que des chiffres affichés lors de l'exposition *La maison et les comptes* de 1994 à l'initiative de l'Ordre de l'Ile-de-France.

Tranches napolitaines ▶ Livrée en kit, prête à monter, la maison se veut pratique, sympa et pas chère. On l'adapte facilement à son mode de vie. Ses composants sont vendus sur catalogue, comme le mobilier de grande distribution. C'est un remake de la maison de Castor, revisité par Ikea. Des modules techniques prédéfinis sont d'abord mis en place : sanitaires, placards, linéaire de cuisine, cheminées, escalier, bibliothèque.

PARIS
AATTITUDES + MAUPIN

Disposés en bandes parallèles, ces modules dessinent différents scénarios spatiaux en fonction de la répartition et des espacements choisis : chambres couplées ou dissociées, séparation jour / nuit ou parents / enfants, coin repas ou coin cheminée, etc.

Ensuite, on couvre le tout, façon cloche à fromage, par une grande carapace de forme traditionnelle : quatre murs et une toiture à deux pentes. L'extérieur est personnalisable à partir d'un éventail préétabli de finitions. On choisit le matériau (brique, plastique, bois, métal), le nombre et la taille des fenêtres et tous les accessoires de parade ou d'usage. La technique constructive fait appel à la filière sèche (procédé Styltech) pour écourter les délais de chantier et minimiser le budget. **P. J.**

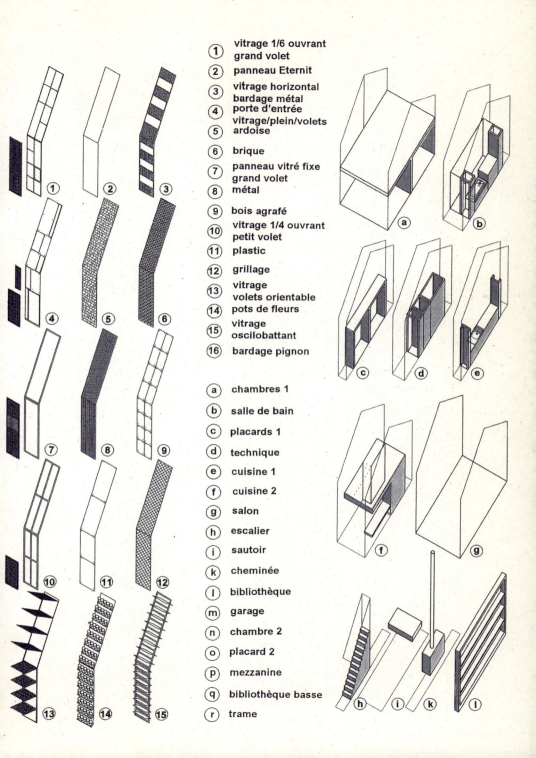

1. vitrage 1/6 ouvrant
   grand volet
2. panneau Eternit
3. vitrage horizontal
   bardage métal
4. porte d'entrée
5. vitrage/plein/volets
   ardoise
6. brique
7. panneau vitré fixe
   grand volet
8. métal
9. bois agrafé
10. vitrage 1/4 ouvrant
    petit volet
11. plastic
12. grillage
13. vitrage
    volets orientable
14. pots de fleurs
15. vitrage
    oscilobattant
16. bardage pignon

a. chambres 1
b. salle de bain
c. placards 1
d. technique
e. cuisine 1
f. cuisine 2
g. salon
h. escalier
i. sautoir
k. cheminée
l. bibliothèque
m. garage
n. chambre 2
o. placard 2
p. mezzanine
q. bibliothèque basse
r. trame

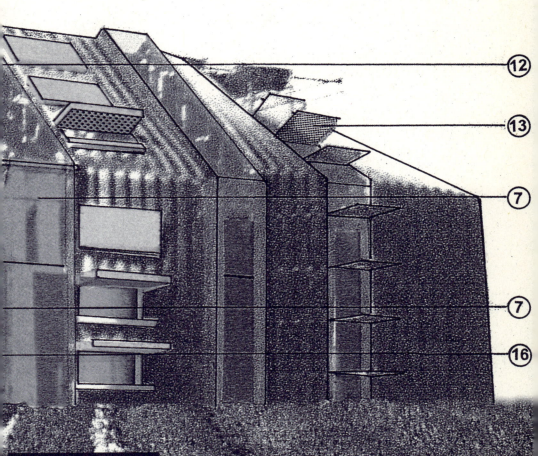

12

13

7

7

16

LOCAUX / SURFACES EN M2

SEJOUR	26,00
CUISINE	13,20
SANIT.	1,20
S D B	6,00
DEGAGT.	7,00
RANGT.	4,10
CHAMBRE 1	9,50
CHAMBRE 2	9,50
MEZZANINE	21,00
CHAMBRE 3	14,40
TOTAL	112,00
GARAGE	15,00
PARCELLE	400 A 500

LOT	PRIX FF HT/TTC
PREPARATION TERRAIN	5 000,00
FONDATIONS	17 400,00
STRUCTURE	74 700,00
PEAU	45 000,00
CLOISONT.	26 400,00
ELEC. / CHAUFFAGE	35 000,00
PLOMBERIE SANITAIRE	25 000,00
MENUISERIE	110 000,00
PLANCHER	24 000,00
AMENAGT. PAYSAGE	8 500,00
CLOTURE	9 000,00
TOTAL TRAVAUX HT	380 000,00
HONO. ARCHI. HT	34 510,00
TOTAL HT	414 510,00
TOTAL TTC	499 900,00

M'House/Domicile à la carte ► Dans la lignée des produits de série personnalisables, Twingo ou Swatch, la maison offre un «menu d'espaces» à combiner selon la composition de la famille à un instant t. La structure des modules est pensée pour permettre des combinaisons latérales et verticales, donc agrandir ou restructurer la maison sur sa longueur, sa largeur ou sa hauteur. Cette importante flexibilité a pour contrepartie la mise au pas des dimensions de dalles et de parois, qui sont régies par une trame unique de 0,90 mètre par 4, 50 mètres au sol, 2,80 mètres en hauteur. Il résulte de cette répétitivité un habitacle minimaliste, dépouillé jusqu'à l'effacement, qui se monte à sec et se transporte à la montagne, à la mer, ou en ville.

BARCELONE
ACTAR : GAUSA + GELPI + PEREZ + RAVEAU + SANTOS

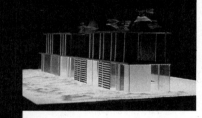

Selon le site et selon ses goûts, l'occupant choisit dans une gamme les matériaux, les couleurs et les textures de ses façades, et peut les faire évoluer avec le temps. En plan, un espace de circulation est dégagé sur tout le périmètre – les pièces d'eau occupant le centre – de façon à donner de l'ampleur à l'espace et assez d'aisance aux déplacements pour oublier les volumes spartiates. **P. J.**

LOCAUX / SURFACES EN M2		LOT	PRIX FF HT/TTC
CUISINE	12,00	MODULE BASIC	34 805,00
SALON	16,00	FONDATIONS	8 514,00
CHAMBRE 1	16,00	STRUCTURE	129 032,00
CHAMBRE 2	16,00	ASSAINISST	4 030,00
SDB/SANIT.	8,00	FERMETURES/REVET. V	74 438,00
S. A MANGER	16,00	FERMETURES/REVET. H	77 099,00
RANGT.	4,00	PROTECTIONS FACADES	21 626,00
		INSTALLATIONS	28 985,00
TOTAL	88,00	ABORDS EXT.	20 577,00
		TOTAL TRAVAUX HT	399 106,00
		HONO. ARCHI. HT	31 928,00
		TOTAL HT	431 034,00
		TOTAL TTC	519 827,00

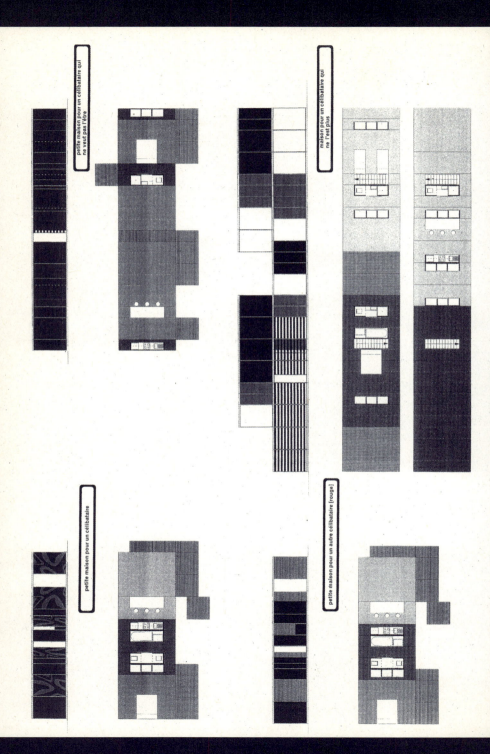

petite maison pour un célibataire qui ne veut pas l'être

maison pour un célibataire qui ne l'est plus

petite maison pour un célibataire

petite maison pour un autre célibataire [rouge]

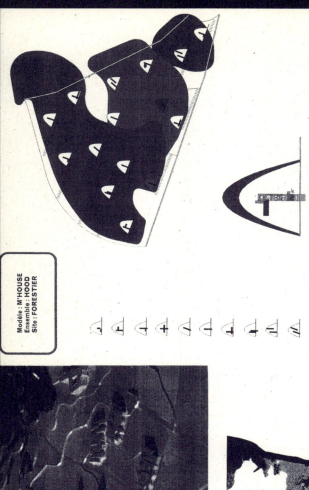

Modèle : M'HOUSE
Ensemble : HOOD
Site : FORESTIER

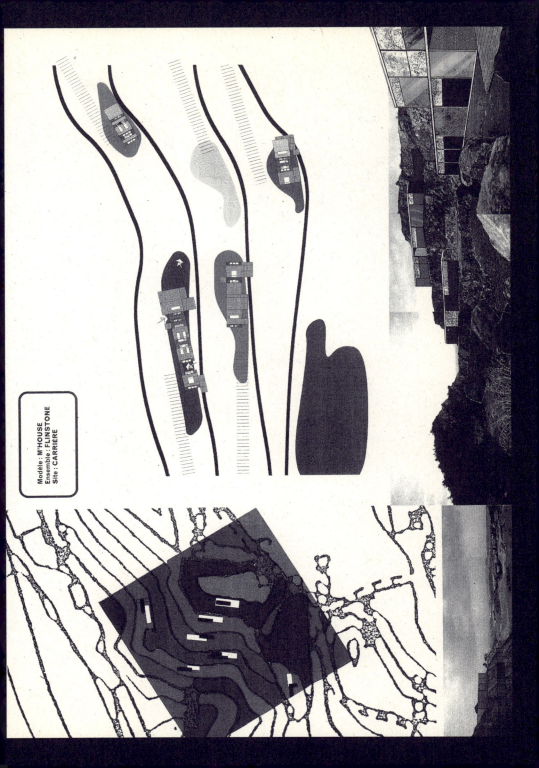

Modèle : M'HOUSE
Ensemble : FLINSTONE
Site : CARRIÈRE

Prototypes LDP001-004 ▶ La maison est individuelle sans être individualiste. Tout en offrant un territoire soigneusement privatisé, elle cherche à faire corps avec son environnement naturel et bâti. Son terrain est dessiné de façon à s'imbriquer de part et d'autre dans ses mitoyens, mais sa forme n'est pas rectangulaire comme l'ordinaire des maisons en bande.

Au contraire, l'espace extérieur de la maison, conçu comme le prolongement naturel de l'orbe domestique, est défini par un périmètre découpé, support d'une structuration en plusieurs lieux : cour, jardin, allée avec pavement, murs d'enceinte et vues cadrées. Certaines parties peuvent être mises en commun entre voisins ou servent de réserves foncières à d'éventuels agrandissements ultérieurs. L'ensemble, légèrement encaissé dans le sol, ne présente au loin dans le paysage que l'affleurement d'un grand toit.

L'espace intérieur, disposé en L, différencie clairement les zones jour et nuit, les pièces de services étant placés à l'articulation. Le séjour-cuisine, de forme libre, dispose d'une vue traversante sur toute la longueur du terrain. **P. J.**

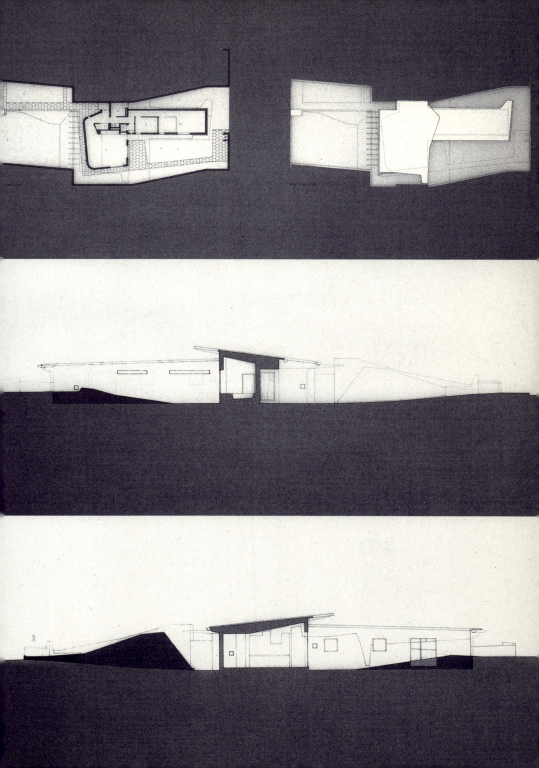

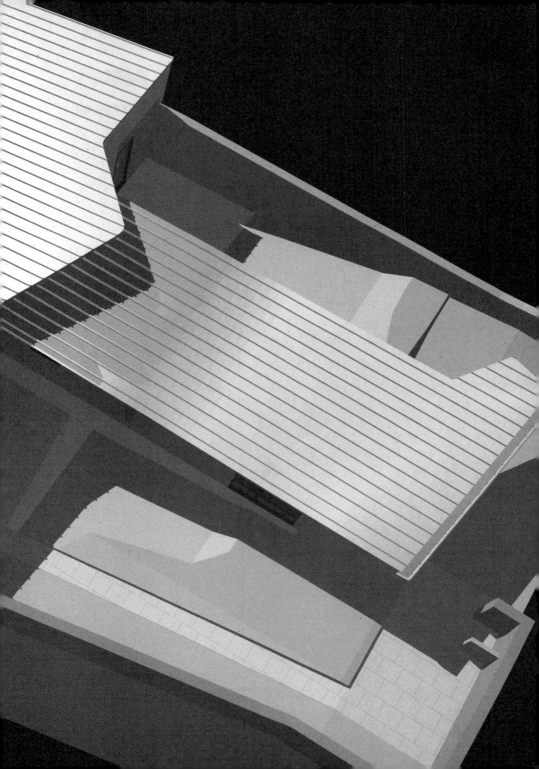

Chez nous ► Un enclos rectangulaire est délimité par la géométrie orthogonale implacable d'une structure en acier galvanisé et par le flottement irrégulier des grands rideaux extérieurs qui s'y accrochent. Une façon de marquer une tranche de territoire par la mesure, la matière et le vent. Dans les limites de l'enclos, les différents types d'espace se succèdent, organisant presque à volonté tous les degrés d'intimité, tous les états transitoires entre intérieur et extérieur : cour, jardin, auvent, serre, remise et enfin maison, c'est-à-dire grand volume chauffé où peut s'installer la vie. Une partition simple des pièces entérine cette organisation linéaire : sur la longueur d'une façade, séjour, salle à manger, cuisine, sur l'autre chambres et salle de bains. La maison pourrait n'être qu'un passage entre cour et jardin, un lieu particulièrement abrité et isolé par des panneaux sandwich en polyuréthane et acier laqué et par des plaques de polycarbonate ondulées laissant passer la lumière à volonté. **G. D.**

PARIS
AVANT-TRAVAUX

Ca ne ressemble pas à une maison,
Ca n'en a ni le goût ni la couleur...
... et pourtant c'est bien une maison.

Une maison c'est d'abord de l'affectif, ça ne peut en aucun cas se réduire à une stricte fonctionnalité. Une maison c'est un lieu qui laisse ses occupants libre de choisir. Ici l'interprétation poétique du quotidien est possible, rien n'est écrit d'avance.

Pour faire cette maison, il suffit de quelques ingrédients, tout simples : un volume chauffé le plus grand possible, de la lumière naturelle à volonté, un jardin à proximité immédiate et grand luxe une pièce en plus...

... et un rideau à malice pour emballer le tout.

Au premier regard notre maison offre l'image d'un vaste enclos de toile rose dansant au grés du vent. C'est une architecture légère, presque naturelle, un micro-climat abritant l'intimité d'une famille.

Conçu comme un ruban habitable, notre projet décline différents types de lieux et explore toutes les transitions entre intérieur et extérieur en séquences successives telles que : cour, jardin, auvent, serre...

Le rideau aux usages multiples délimite l'emprise du projet sur le terrain accentuant l'idée d'un espace unitaire, protégé et cependant ouvert, à l'écoute de son environnement.

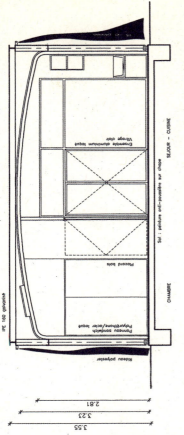

COUPE TRANSVALE   ECH. 1/50

IPE 160 galvanisé

Panneau sandwich
Polyuréthane/acier laqué

Rideau polyester

Ensemble aluminium laqué
Vitrage clair

Placard bois

Sol : peinture anti-poussière sur chape

CHAMBRE   SEJOUR — CUISINE

2.81
3.23
3.55

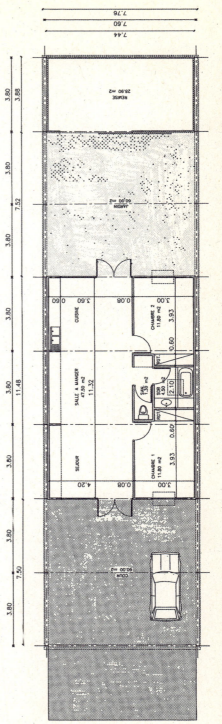

PLAN   ECH. 1/100

7.76
7.60
7.44

REMISE
28.90 m2

JARDIN
60.00 m2

CUISINE
0.60   1.60   0.08   3.00

CHAMBRE 2
11.80 m2   3.93

0.60

SALLE A MANGER
47.50 m2
11.32

SAN.
1.30 m2

SDB
4.50 m2   2.10

SEJOUR
4.20

CHAMBRE 1
11.80 m2
3.00   3.93

0.08

0.60

COUR
60.00 m2

3.80   3.88   7.52   3.80   11.48   3.80   3.80   7.50   3.80

PRINCIPE D'ASSEMBLAGE ECH. 1/500

LOCAUX / SURFACES EN M2		LOT	PRIX FF HT/TTC
SEJOUR / CUISINE	47,50	TERRASST. GROS ŒUVRE	47 874,00
CHAMBRE 1	11,80	METALLERIE	37 023,00
CHAMBRE 2	11,80	PEAU	48 448,00
SDB	4,50	FACADES	96 762,00
SANIT.	1,30	COUVERTURE	53 918,00
DEGAGT.	1,30	CLOISONNEMENT	13 925,00
RANGT.	2,50	PLOMBERIE	25 000,00
		ELECTRICITE	20 000,00
TOTAL	80,70	MENUISERIE / PEINTURE	25 272,00
		AMENAGEMENT EXT.	4 476,00
COUR	28,90		
REMISE	60,00	TOTAL TRAVAUX HT	370 000,00
		HONO. ARCHI. HT	44 510,00
		TOTAL HT	414 510,00
		TOTAL TTC	499 900,00

BARKOW + LEIBINGER

Bordertown ▶ On imagine que cette maison pourrait se développer de manière linéaire sans fin : il s'agit d'un volume de plain-pied, parallèle à une bande de jardin. Au sein de ce module se succèdent en enfilade un garage, une chambre indépendante, une cuisine ouverte sur un coin repas et le séjour, puis les chambres (1, 2 ou 3), desservies par un couloir très large. Cette proposition peut s'adapter à différents types de parcellaires à condition que la voirie ménage l'angle de giration suffisant pour qu'une voiture puisse pénétrer dans le garage. Cette latitude permet d'envisager le traitement du couloir de desserte de manière très différente selon qu'il constitue le front de rue ou se cale en limite de voisinage. Cependant, tout dépendra aussi de l'orientation du terrain puisque le dessin actuel ouvre toutes les pièces du même côté – gare aux orientations plein nord ! Outre ses grandes baies vitrées, cette maison se caractérise par son ossature bois posée sur un socle en béton et sa toiture à faible pente. Histoire de démontrer son adaptabilité, les architectes l'ont située dans l'un des paysages les plus « neutres » qui soit, celui des plaines monotones du 49ème parallèle nord, entre les USA et le Canada. **F. A.**

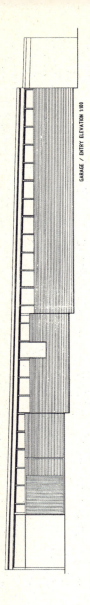

GARAGE / ENTRY ELEVATION 1:100

GARDEN ELEVATION 1:100

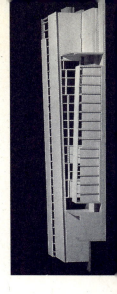

LOCAUX / SURFACES EN M2

ENTRÉE	7,96
WC	1,53
CHAMBRE 1	14,80
CUSINE	10,26
SEJOUR	28,03
S A MANGER	13,36
CHAMBRE 2	17,13
SDB	8,23
DEBARRAS PLACARD	23,47
TOTAL	124,77
GARAGE	19,14

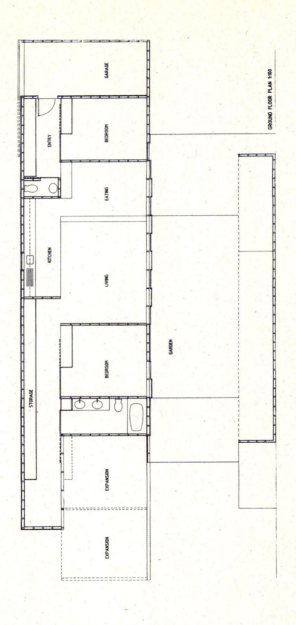

GROUND FLOOR PLAN 1:100

GARAGE

ENTRY

BEDROOM

EATING

KITCHEN

LIVING

STORAGE

BEDROOM

GARDEN

EXPANSION

EXPANSION

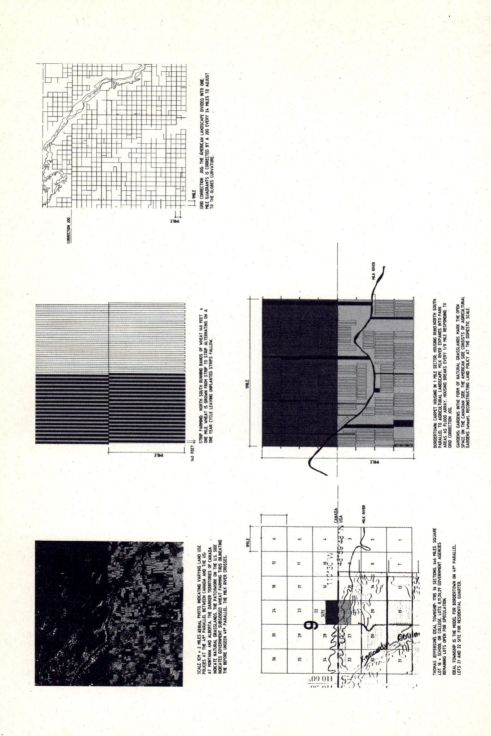

CORRECTION JOG

GRID CORRECTION JOG. THE AMERICAN LANDSCAPE DIVIDED INTO ONE MILE QUADRANTS IS CORRECTED BY A JOG EVERY 24 MILES TO ADJUST TO THE GLOBES CURVATURE.

STRIP FARMING. NORTH SOUTH RUNNING BANDS OF WHEAT 140 FEET X ONE MILE. WHEAT IS GROWN FROM STRIP TO STRIP ALTERNATING ON A ONE YEAR CYCLE LEAVING UNPLANTED STRIPS FALLOW.

SCALE 1CM = 2 MILES AERIAL PHOTO INDICATING VARYING LAND USE POLICIES AT THE 49° PARALLEL BETWEEN CANADA AND THE US. AT SORTYNNA AND ALBERTA. THE DARKER TERRITORIES OF CANADA INDICATE NATURAL GRASSLANDS. THE PATCHWORK ON THE U.S. SIDE INDICATES GOVERNMENT SUBSIDISED WHEAT FARMING THUS DELINEATING THE BEFORE UNSEEN 49° PARALLEL. THE MILK RIVER CROSSES.

BORDERTOWN. CARPET HOUSING IN 1 MILE SECTOR. HOUSING RUNS NORTH SOUTH PARALLEL TO AGRICULTURAL LANDSCAPE. MILK RIVER EXPANDS INTO PARK AREAS AS FLOOD ARRAY. HOUSING BREAKS EVERY 1/4 MILE RESPONDING TO GRID CORRECTION JOG.

GARDENS. GARDENS INTHE FORM OF NATURAL GRASSLANDS MARK THE OPEN SPACE ON THE CANADIAN SIDE. THE AMERICAN SIDE CONSISTS OF AGRICULTURAL GARDENS (wheat). RECONSTRUCTING LAND POLICY AT THE DOMESTIC SCALE.

THOMAS JEFFERSONS IDEAL TOWNSHIP. THIS 36 SECTIONS, 6x6 MILES SQUARE LOT 16 = SCHOOL OR COLLEGE. LOTS 8,11,26,29 GOVERNMENT AGENCIES REMAINING LOTS OPEN FOR SPECULATION.

IDEAL TOWNSHIP IS THE MODEL FOR BORDERTOWN ON 49° PARALLEL. LOTS 21 AND 22 SITE FOR RESIDENTIAL QUARTER.

LOT	PRIX FF HT/TTC
FONDATIONS	55 834,00
MURS PORTEURS EXT.	51 300,00
CLOISONT. INT.	16 472,00
PORTES	7 302,00
FENETRES	56406,00
TOITURE	49 680,00
JARDIN	4 050,00
GARAGE	38 946,00
PLOMBERIE	5000,00
ELECTRICITE	25 000,00
CHAUFFAGE	40 000,00
TOTAL TRAVAUX HT	349 990,00
HONO. ARCHI. HT	34 999,00
TOTAL HT	384 989,00
TOTAL TTC	464 296,00

Une maison, dix maisons / Maison en bande ► C'est une nouvelle variation sur le thème de la maison en bande, avec tous ses avantages économiques et urbains. Long et peu large, l'espace habitable est divisé en trois bandes différentes. La première,

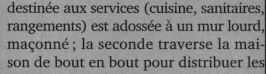

BRS : BOHNET + RAY + STILES

destinée aux services (cuisine, sanitaires, rangements) est adossée à un mur lourd, maçonné ; la seconde traverse la maison de bout en bout pour distribuer les espaces ; la troisième organise les lieux de vie (séjour, cuisine, chambres) autour d'un minuscule patio qui forme un puits de lumière.

Que l'on soit à pied ou en voiture, on entre par une rampe légère qui fait office de parking sous la première moitié de la maison. Quelques marches donnent accès au séjour-cuisine situé de plain-pied, largement vitré et en double hauteur. Plus à l'abri un demi-niveau au-dessus, les deux chambres sont alignées dans un volume soulevé à un mètre du sol. Les espaces communs et privés sont ainsi séparés par un demi-étage, façon de signifier leur indépendance sans les séparer brutalement. La grande longueur de la maison échelonne bien les degrés d'intimité. Au centre, le patio enferme un petit morceau de nature et s'évase par un ovale vitré qui illumine la table du repas. **P. J.**

CHAMBRE 2

CHAMBRE 1

PARKING

285

100

ENTREE

CUISINE

SEJOUR

225

230

355

210

175

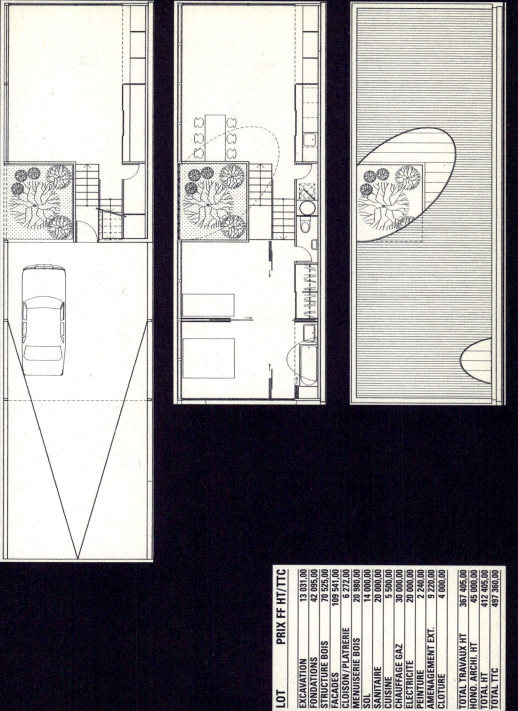

LOT	PRIX FF HT/TTC
EXCAVATION	13 031,00
FONDATIONS	42 095,00
STRUCTURE BOIS	70 525,00
FACADES	109 541,00
CLOISON/PLATRERIE	6 272,00
MENUISERIE BOIS	20 980,00
SOL	14 000,00
SANITAIRE	20 000,00
CUISINE	5 500,00
CHAUFFAGE GAZ	30 000,00
ELECTRICITE	20 000,00
PEINTURE	2 240,00
AMENAGEMENT EXT.	9 220,00
CLOTURE	4 000,00
TOTAL TRAVAUX HT	367 405,00
HONO. ARCHI. HT	45 000,00
TOTAL HT	412 405,00
TOTAL TTC	497 360,00

Nu/Fenêtre sur ciel ► Une maison close, au sens premier du mot. Un modèle de base totalement introverti, sans ouverture sur l'extérieur, délimité par des longs murs – 28,50 mètres – en béton et parpaings, recouverts de couches de goudron. La lumière arrive par le haut à l'intérieur du jardin et du patio intégrés et se diffuse latéralement vers le séjour et les chambres. En communication

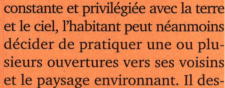

ROME
CARERI + AVELLINO + CARBONE

constante et privilégiée avec la terre et le ciel, l'habitant peut néanmoins décider de pratiquer une ou plusieurs ouvertures vers ses voisins et le paysage environnant. Il dessine ainsi une façade personnalisée en fonction de sa plus ou moins grande curiosité pour l'extérieur. Il peut choisir aussi les matériaux des revêtements intérieurs et la distribution des pièces : au centre, un système de cloisons mobiles offre un espace flexible accueillant deux chambres supplémentaires. La maison s'ouvre dans toute sa largeur sur les espaces plantés – jardin et patio – par le jeu de portes-fenêtres coulissantes. Conçue comme une addition de pièces que l'on poserait bout à bout, la maison peut prendre des configurations différentes, horizontales ou verticales. En revanche, sa reproduction en de multiples exemplaires ne peut prétendre seule à faire naître un quartier. G.D.

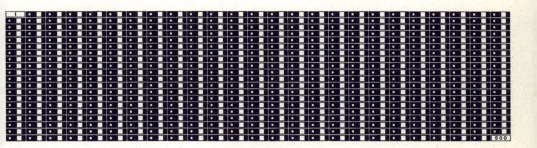

UN QUARTIER NE PEUT PAS NAITRE DU CLONE MULTIPLE D'UNE MAISON . MEME SI C'EST LA PLUS BELLE MAISON DU MONDE

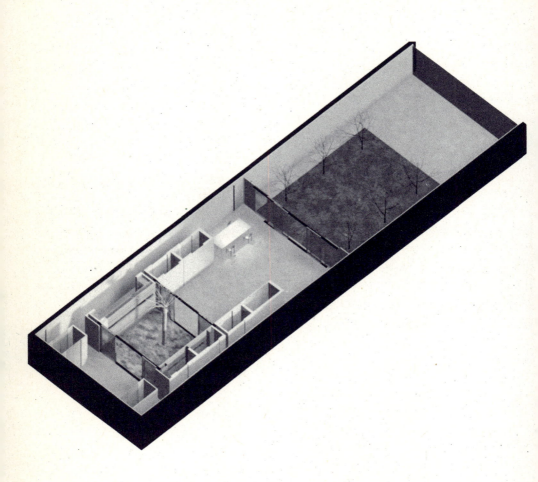

LOCAUX/SURFACES EN M2		LOT	PRIX FF HT/TTC
SEJOUR	30,00	GROS-ŒUVRE	98 830,00
ESPACE FLEXIBLE	24,00	TOITURE	61 450,00
CUISINE	7,00	PLATRERIE	34 940,00
CHAMBRES	22,00	FACADE VITREE	50 000,00
SANIT.	7,00	SOL	6 000,00
		PEINTURE	9 600,00
TOTAL	90,00	ELECTRICITE	18 000,00
		PLOMBERIE	30 000,00
GARAGE	40,00	CHAUFFAGE PAR LE SOL	27 300,00
JARDIN	60,00	SERRURERIE	19 760,00
PARCELLE	415,00	JARDIN	14 100,00
		TOTAL TRAVAUX HT	370 000,00
		HONO. ARCHI. HT	44 510,00
		TOTAL HT	414 510,00
		TOTAL TTC	499 900,00

1 PIECE

3 PIECES

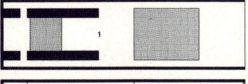

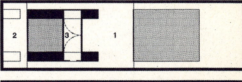

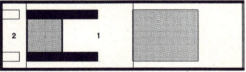

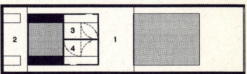

2 PIECES

4 PIECES

CONFIGURATIONS

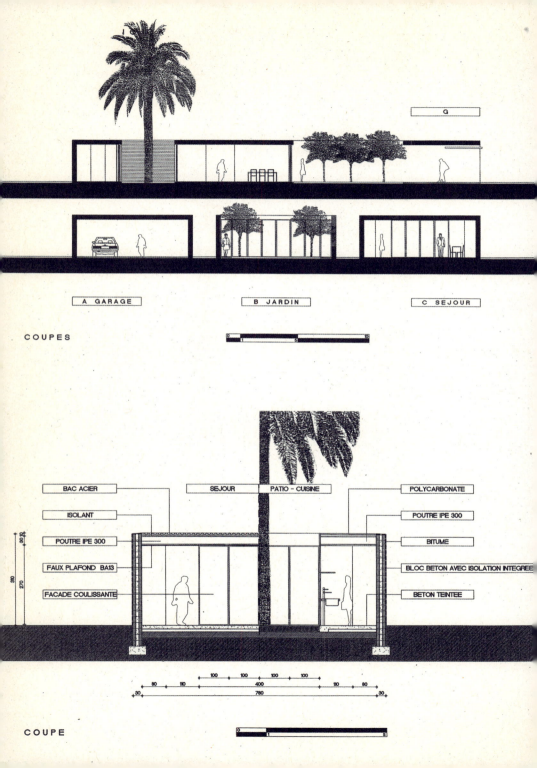

G

A GARAGE   B JARDIN   C SEJOUR

COUPES

SEJOUR   PATIO - CUISINE

BAC ACIER   POLYCARBONATE

ISOLANT   POUTRE IPE 300

POUTRE IPE 300   BITUME

FAUX PLAFOND BA13   BLOC BETON AVEC ISOLATION INTEGREE

FACADE COULISSANTE   BETON TEINTEE

80 110   100   100   100   100   110 80
30   400   30
                      780

COUPE

Maison parcelle ► La maison, qui s'étire sur un terrain en lanière inspiré des parcelles cultivées, est à la fois une maison des villes et une maison des champs. A la campagne, son volume isolé rappelle le volume simple et allongé des bâtiments agricoles. En ville, c'est une maison de mitoyenneté jumelable de part et d'autre, économe en voirie et génératrice d'un vrai paysage urbain. La voiture, stationnée à l'entrée, met le logement à distance.

**PARIS
COULON**

Entre deux murs longs de 60 mètres, chaque famille déroule selon son propre scénario une succession de pièces et d'espaces extérieurs. Le jardin peut être placé à l'avant, à l'arrière ou au centre de la maison. Il peut être d'un seul tenant ou réparti en plusieurs patios. En fonction du nombre et de l'âge des habitants, les pièces sont placées dans l'ordre qui convient au fonctionnement de la famille, espacées ou contiguës.

La distance entre les deux murs est celle d'une poutrelle standard de 5,85 mètres. On pose donc facilement un toit, où l'on veut. En déplaçant les pièces, on adapte à faible coût la disposition de la maison. On l'agrandit facilement de nouvelles chambres, appentis ou garages. **P. J.**

LOCAUX / SURFACES EN M2	
SALON	24,90
S A MANGER	11,00
CUISINE	8,05
CHAMBRE	11,07
S D B	3,80
DRESSING	3,42
ATELIER	3,00
WC	1,62
ENTREE	7,60
DEGAGT CHAMBRE	5,04
GALERIE	9,05
TOTAL	88,55
GARAGE	15,00
PARCELLE	381,00

LOT	PRIX FF HT/TTC
GROS ŒUVRE	133 951,00
TOITURE / COUV.	75 170,00
MENUISERIE EXT. PVC	46 536,00
MENUIS. INT. CLOISONS	16 405,00
ELEC. / CHAUFFAGE	40 000,00
PLOMBERIE SANIT.	25 000,00
PEINTURE / REVET. SOLS	31 814,00
TOTAL TRAVAUX HT	368 876,00
HONO. ARCHI. HT	45 000,00
TOTAL HT	413 876,00
TOTAL TTC	499 134,00

ngitudinale sur la "maison parcelle". Échelle 1/50 ème

a "maison parcelle" avec terrain. Échelle 1/100 ème

Maison ET jardin ► Ce modèle est inscrit dans un principe concret d'aménagement des lotissements où il est essentiel de situer les parcelles dans un système d'espace public hiérarchisé : des rues pour les voitures et des sentes pour les piétons, afin de

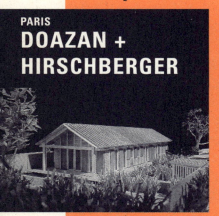

PARIS
DOAZAN +
HIRSCHBERGER

constituer un réseau de circulation secondaire. Ce type de raisonnement théorique se poursuit avec le choix d'une construction en bois pour contribuer à faire baisser les prix du marché par la mise en concurrence du mode constructif dominant – celui du béton. Plus spécifiquement, cette proposition considère l'espace de l'habitat et du jardin comme un tout. Elle ne respecte pas à la lettre le principe de l'extension mais s'attache en revanche à tisser des liens entre extérieurs et intérieurs qui pourront ensuite être développés. Elle projette des cabanons, des espaces fonctionnels et thématiques comme une cour pavée attenante au garage pour bricoler, un potager proche de la cuisine. L'espace intérieur est un volume linéaire, avec un pignon marqué sur la rue, prolongé par une pergola. Le logement est accessible à partir du garage ou le long de la séparation mitoyenne. La maison se développe sur un niveau, en léger surplomb par rapport au jardin. Son séjour est largement ouvert sur le jardin et bénéficie d'une double orientation. **F. A.**

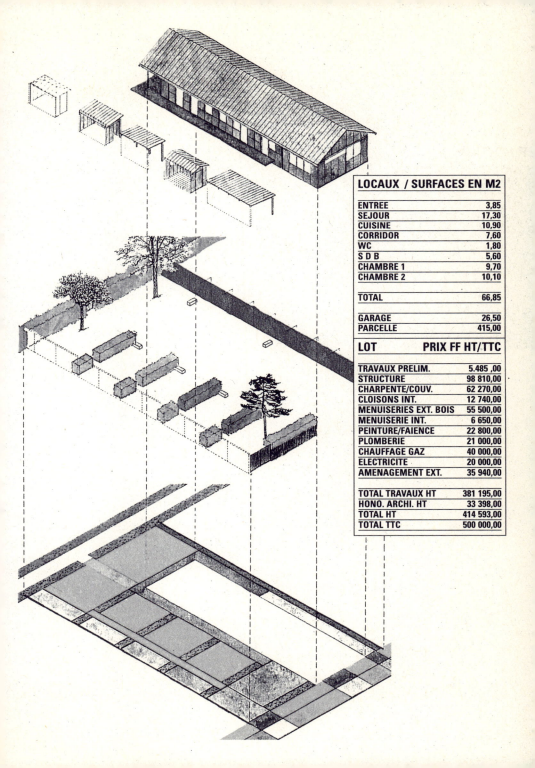

LOCAUX / SURFACES EN M2

ENTREE	3,85
SEJOUR	17,30
CUISINE	10,90
CORRIDOR	7,60
WC	1,80
S D B	5,60
CHAMBRE 1	9,70
CHAMBRE 2	10,10
TOTAL	66,85
GARAGE	26,50
PARCELLE	415,00

LOT	PRIX FF HT/TTC
TRAVAUX PRELIM.	5.485 ,00
STRUCTURE	98 810,00
CHARPENTE/COUV.	62 270,00
CLOISONS INT.	12 740,00
MENUISERIES EXT. BOIS	55 500,00
MENUISERIE INT.	6 650,00
PEINTURE/FAIENCE	22 800,00
PLOMBERIE	21 000,00
CHAUFFAGE GAZ	40 000,00
ELECTRICITE	20 000,00
AMENAGEMENT EXT.	35 940,00
TOTAL TRAVAUX HT	381 195,00
HONO. ARCHI. HT	33 398,00
TOTAL HT	414 593,00
TOTAL TTC	500 000,00

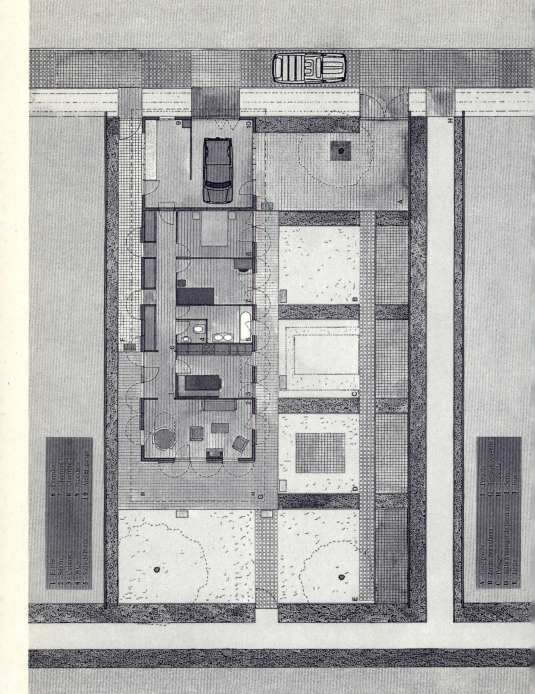

1 = Entrée
2 = Séjour
3 = Cuisine
4 = WC
5 = Salle de Bains

6 = Corridor
7 = Chambre 1
8 = Chambre 2
9 = Buanderie
10 = Atelier garage

A Cour privée
B Jardin des enfants
C Potager
D Salle à manger de plein air
E Jardin

F Pergola
G Terrasse couverte
H Traboule
I Sente
J Rue

Light Box ► Une série de bandes parallèles définit le lieu de vie : un grand jardin engazonné et planté de trois arbres, une terrasse en bois, la maison de 100 m², enfin un deuxième jardin de bambous serrés pour faire écran face à la parcelle voisine. Le tout

orienté perpendiculairement à la voie pour donner à voir plus de paysage et moins de bâtiments. Seuls les garages en bois, placés en pignon des maisons, ponctuent la rue en alternant avec les clôtures en bois tressé de 2 mètres de hauteur. Les maisons sur un seul niveau s'ouvrent de plain-pied sur les jardins par les portes-fenêtres qui équipent chaque pièce. Le plan s'articule autour d'un espace central traversant, un séjour de 33 m² qui commande de part et d'autre quatre pièces de 11 m², soit 3 chambres et la cuisine. Aux deux extrémités, deux salles de bains. Les murs des deux longues façades sont constitués de panneaux en polycarbonate alvéolaire triple paroi sertis dans un cadre d'aluminium et fixés sur l'ossature bois. A l'intérieur, les lisses horizontales qui supportent le bardage translucide deviennent étagères : ces murs qui laissent passer la lumière peuvent aussi se couvrir de livres et d'objets divers. La toiture-terrasse, avec son lestage de terre végétale, compose un troisième jardin. **G. D.**

LA MAISON EN CHIFFRE

Mouvements de terre .... 8 300 F
- Fouilles en rigoles
  en terrain de toute nature — m³ — 28
- Remblais pourtour
  de construction — m³ — 80

Fondation .... 19 300 F
- Béton armé pour semelle filante — m³ — 7
- Murs d'infrastructure
  en agglo de 20 semi plein — m² — 42
- Dallage: Sablon+film polyane
  + isolation + dalle béton armé — m² — 120

Elévation et dallage .... 18 750 F
- Maçonnerie en parpaing
  de 20 creux — m² — 7

Ouvrages divers .... 3 700 F
- Regards pour EP 30 x 30 — 2
- Drainage périphérique — ml — 22
- Souche de cheminée cuisine
  et ventilation

Menuiseries extérieures .... 79 900 F
- Menuiserie Bois
  + Vitrage stadip 180x205 — U — 6
- Porte de garage 270X230 — U — 1
- Couvertine aluminium
  pour acrotère — ml — 52
- Porte isoplane isolante — U — 1
- Panneaux translucides
  en polycarbonate alvéolaire
  triple parois + profil aluminum
  périphérique et fixation
  sur ossature bois — m² — 84

Menuiserie intérieure bois .... 12 900 F
- Porte isoplanes + quincaillerie — U — 9
- Plinthe en sapin — ml — 40

Plomberie .... 15 000 F
- Vasque SDB — U — 2
- Douche — U — 1
- Évier — U — 1
- Baignoire — U — 1
- WC — U — 2
- Alimentation, vidange,
  robinetterie et chauffe-eau

Electricité .... 32 000 F
- Forfait pour installation générale — U — 1
- Convecteurs électriques — U — 8

Plâtrerie .... 10 150 F
- Cloison en placostil BA13
  + isolant — m2 — 52
- Isolation intérieure+doublage — m2 — 13

Peinture .... 13 500 F
- Deux couches de peinture
  glycero + enduit — m2 — 337

Charpente ossature bois .... 88 600 F
- Poutres principales (220 x 47) — ml — 80
- Panneau de toiture (Type trilate)
  composé de BA13, des chevrons,
  d'un isolant, d'un panneau
  de particule support d'étanchéité — m² — 120
- Poutre de rive (330 x 47)
  formant acrotère — ml — 40
- Poteaux en façade (97 x 97) — ml — 56
- Lisses horizontales (150 x 43)
  support de bardage translucide — ml — 165
- Bardage bois sur ossature
  + isolant en pignon — m² — 46

Etancheité .... 36 000 F
- Complexe Type BROCK constitué
  d'un pare vapeur, d'une étanchéité,
  d'un drainage, d'un sustrat de
  5 cm mousses + sedums — m² — 120

Revêtements de sols + Faience ...... 11 400 F
- Chappe au mortier de
  ciment teinté dans la masse
  lissée et bouchardée au fer
  à brique selon motif 40 x 40 — m² — 120
- Faience murale 15 x 15 — m² — 9

Paysage .... 20 500 F
- Clôture en bois tressé
  de 2 m de hauteur — m² — 18
- Portail d'entrée en bois tressé
  sur ossature bois — U — 1
- Engazonnement général
  du terrain — m² — 220
- Jardin clos en bambou — m² — 60
- Arbres de haute tige — U — 3

TOTAL .... 370 000 FHT

- La terrasse en bois est en option

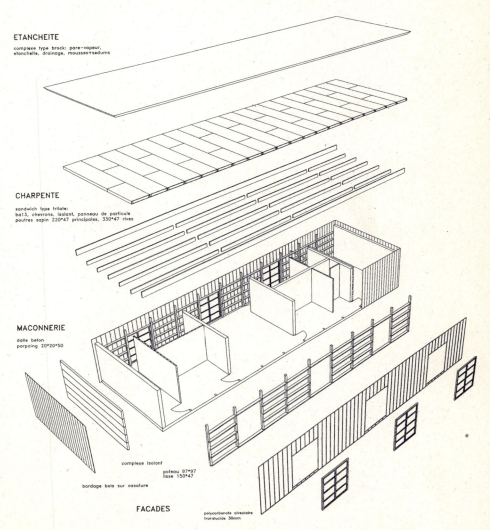

ETANCHEITE
complexe type brock: pare-vapeur,
etancheite, drainage, mousses+sedums

CHARPENTE
sandwich type trilate:
ba13, chevrons, isolant, panneau de particule
poutres sapin 220*47 principales, 330*47 rives

MACONNERIE
dalle beton
parpaing 20*20*50

complexe isolant
poteau 97*97
lisse 150*47

bardage bois sur ossature

FACADES
polycarbonate alveolaire
translucide 30mm

LOCAUX/SURFACES EN M2		LOT	PRIX FF HT/TTC
SEJOUR	33,00	MOUVT. TERRE	8 300,00
CUISINE	11,00	FONDATION	19 300,00
CHAMBRE 1	11,00	ELEVATION/DALLAGE	18 750,00
SDB 1	6,00	OUVRAGES DIVERS	3 700,00
CHAMBRE 2	11,00	MENUISERIES EXT.	79 900,00
CHAMBRE 3	11,00	MENUISERIE INT. BOIS	12 900,00
SDB 2	10,00	PLOMBERIE	15 000,00
WC	1,00	ELECTRICITE/CHAUFFAGE	32 000,00
DEGAGT.	3,00	PLATRERIE	10 150,00
		PEINTURE	13 500,00
TOTAL	97,00	CHARPENTE OSS. BOIS	88 600,00
		ETANCHEITE	36 000,00
GARAGE	20,00	SOLS/FAIENCE	11 400,00
PARCELLE	400,00	PAYSAGE	20 500,00
		TOTAL TRAVAUX HT	370 000,00
		HONO. ARCHI. HT	44 510,00
		TOTAL HT	414 510,00
		TOTAL TTC	499 900,00

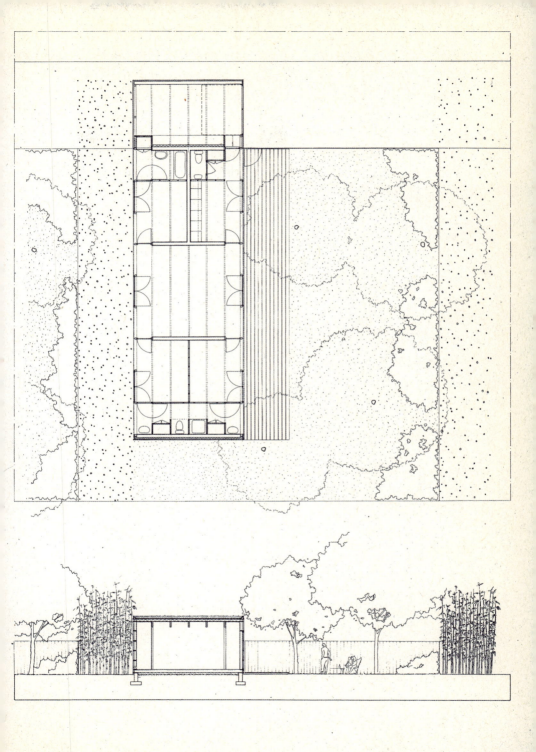

Jupilles ► En limite de ville ou de village, lieux d'implantation privilégiés des lotissements, on peut imaginer un mode d'occupation du territoire qui ne s'inspire ni de l'urbain ni du rural mais qui en quelque sorte en constituerait la synthèse, ici version forêt habitée. Les bâtiments qui regroupent deux maisons accolées sont conçus comme des coquilles en béton brut perchées sur pilotis et

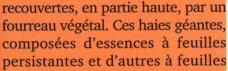

FRANCOIS + LEWIS

recouvertes, en partie haute, par un fourreau végétal. Ces haies géantes, composées d'essences à feuilles persistantes et d'autres à feuilles caduques – dont la nature peut varier selon les climats et le contexte paysager – deviennent un matériau de façade évolutif, souple et vivant. Elles jouent également un rôle de tempérance climatique. Une structure grillagée les enserre et ordonne leur croissance. A l'étage – occupé par trois chambres – des fenêtres en porte à faux traversent l'épaisseur végétale pour aller chercher la lumière. Le rez-de-chaussée, largement vitré, dissimule ses menuiseries derrière des planches rustiques qui contribuent à accroître la confusion entre architecture et nature. L'espace de vie se prolonge à l'extérieur de la maison par les patios pratiqués dans l'épaisseur des haies. **G. D.**

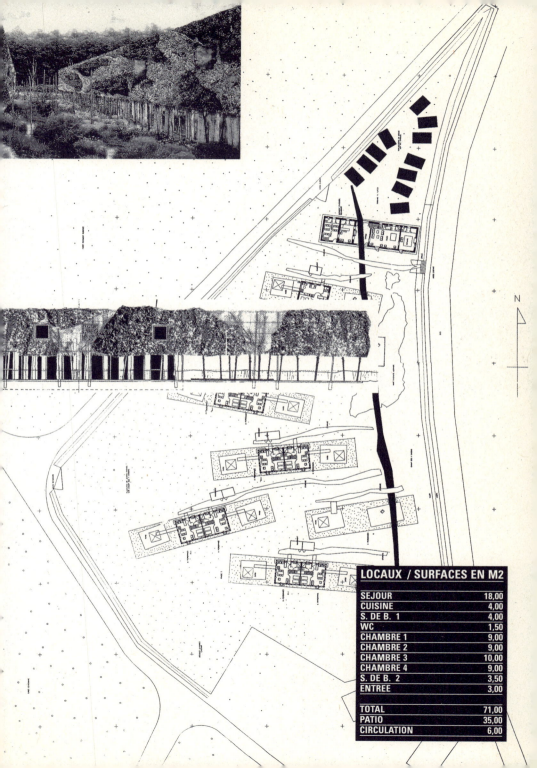

LOCAUX / SURFACES EN M2	
SEJOUR	18,00
CUISINE	4,00
S. DE B. 1	4,00
WC	1,50
CHAMBRE 1	9,00
CHAMBRE 2	9,00
CHAMBRE 3	10,00
CHAMBRE 4	9,00
S. DE B. 2	3,50
ENTREE	3,00
TOTAL	71,00
PATIO	35,00
CIRCULATION	6,00

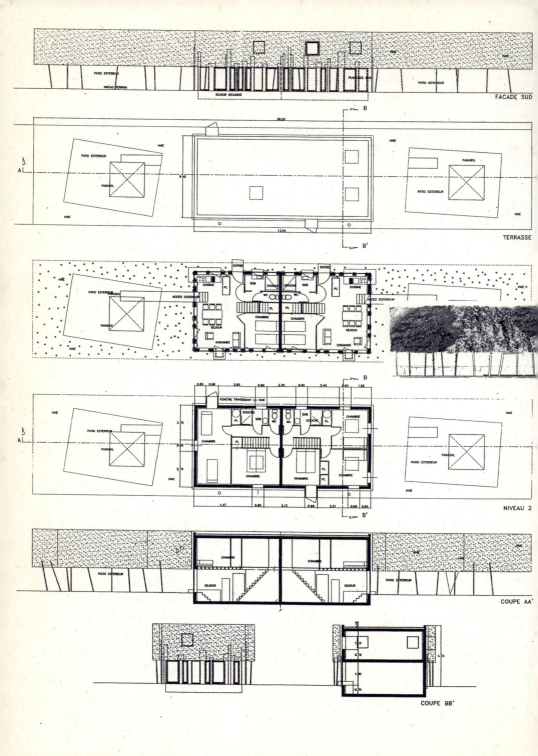

FACADE SUD

TERRASSE

NIVEAU 2

COUPE AA'

COUPE BB'

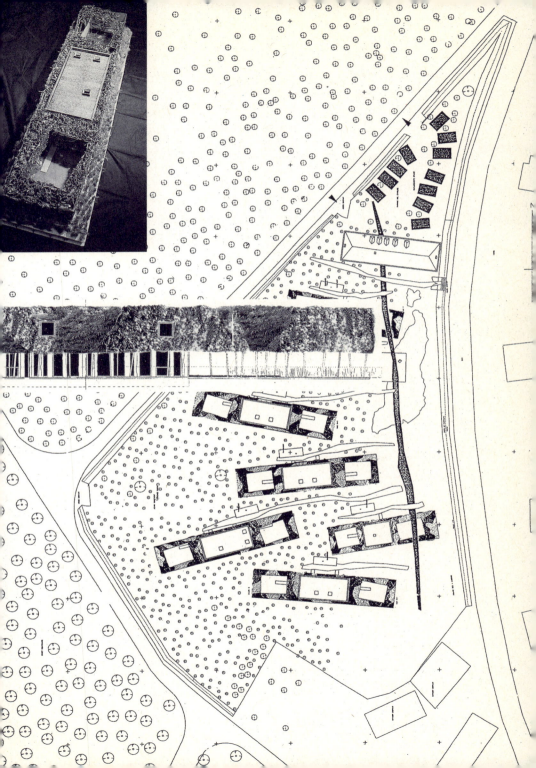

La maison enterrée ► Le lotissement est ici perçu comme un mal auquel il faut bien se résigner. Le projet propose de minimiser certaines de ses nuisances, à savoir le morcellement de la vue, à défaut de pouvoir intervenir sur celui du territoire. L'ensemble

PARIS
GALIANO + SIMON + TENOT

est donc conçu comme une série de lignes et de plots, organisés selon un principe plastique de mise en tension. Les lignes sont des haies séparatives et les plots correspondent aux garages et aux entrées des habitations. La maison proprement dite est, quant à elle, enterrée à la cote –2,70 mètres et ne se signale que par une toiture-terrasse affleurante. Elle occupe la moitié d'un quadrilatère de 10 x 14 mètres, l'autre moitié correspondant à un patio sur lequel ouvrent toutes les pièces de la maison. L'inconvénient d'un tel parti est de constituer un espace totalement mono-orienté et, dans l'hypothèse des 400 m² dévolus à chaque parcelle, de ne définir la surface de pleine terre du jardin que comme un espace de transition ou résiduel – en tout cas peu appropriable de manière classique. **F. A.**

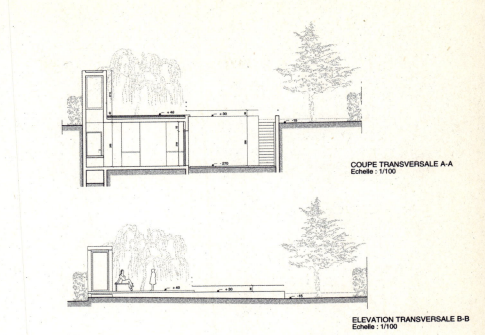

COUPE TRANSVERSALE A-A
Echelle : 1/100

ELEVATION TRANSVERSALE B-B
Echelle : 1/100

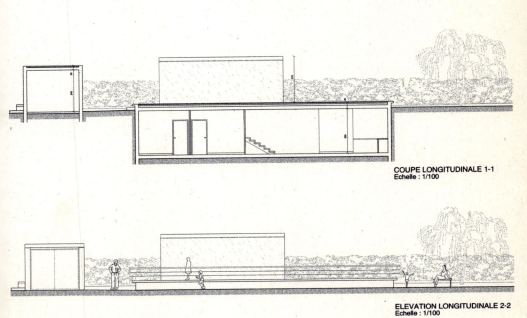

COUPE LONGITUDINALE 1-1
Echelle : 1/100

ELEVATION LONGITUDINALE 2-2
Echelle : 1/100

LOCAUX / SURFACES EN M2		LOT	PRIX FF HT/TTC
ENTREE	1,80	TERRASSEMENT	36 700,00
SEJOUR	27,40	GO INFRASTRUCTURE	40 610,00
CUISINE	10,60	GO SUPERSTRUCTURE	57 230,00
CHAMBRE 1	11,20	FACADE ·	15 000,00
CHAMBRE 2	10,35	ETANCHEITE	43 310,00
WC	2,10	MENUISERIE EXT.	29 000,00
SDB	4,80	MENUISERIE INT.	9 550,00
DEGAGT	4,70	CLOISON DOUBLAGE	15 960,00
RANGT.	4,15	PLOMBERIE	25 000,00
		ELECTRICITE	26 500,00
TOTAL	77,10	CHAUFFAGE ELEC.	9 000,00
		VENTILATION	2 000,00
GARAGE	17,70	PEINTURE	17 210,00
PARCELLE	400,00	CARRELAGE / FAIENCE	5 600,00
		SERRURERIE	27 100,00
		AMENAGT. EXT.	17 100,00
		TOTAL TRAVAUX HT	376 870,00
		HONO. ARCHI. HT	37 687,00
		TOTAL HT	414 557,00
		TOTAL TTC	499 955,00

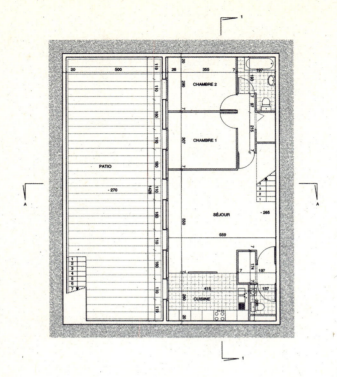

PLAN NIVEAU env -270
Echelle : 1/100

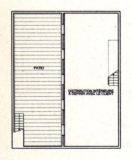

1

2

VARIANTES
Echelle : 1/200

PLAN DU LOTISSEMENT
Echelle : 1/500

VUE PAYSAGÈRE

Ying et Yang/Deux-pièces ► Régie par des principes stricts de rationalité et d'économie, cette maison ne possède que trois façades : deux pleines disposées en équerre, une vitrée pour la lumière et la vue. Au triangle rectangle ainsi formé s'adosse une

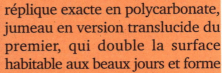

réplique exacte en polycarbonate, jumeau en version translucide du premier, qui double la surface habitable aux beaux jours et forme filtre sur l'extérieur aux mauvais. Le premier rectangle abrite les fonctions classiques de l'habitat : pièces d'eau, entrée et escalier lovés contre la paroi nord ; séjour et chambres placés dans l'évasement du triangle à proximité de l'extérieur. Le second volume en double hauteur est un espace aux fonctions plus indéfinies bien qu'indispensables, éventuellement changeantes selon les saisons. C'est le lieu de l'aléatoire et de la liberté, substitut de la cave et du grenier. Il tient lieu de jardin d'hiver, d'atelier, ou de pièce de jeu, voire de débarras ou de porche. Ainsi imbriquées et nécessaires l'une à l'autre comme le ying et le yang, les deux parties de la maison composent un univers compact et centré. L'hypoténuse marquant la limite entre les deux espaces, sa définition plus ou moins vitrée, plus ou moins ouvrante, plus ou moins occultable devrait faire l'objet d'une étude spécifique pour donner à l'occupant les plus grandes liberté et variété d'usages possibles. **P. J.**

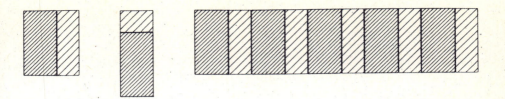

Different solutions for single standing an grouped houses

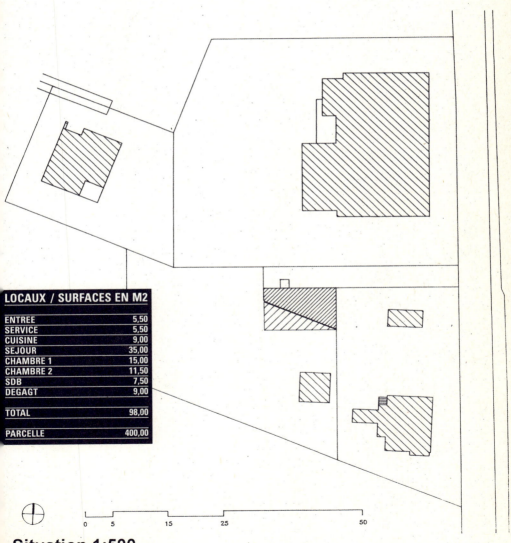

LOCAUX / SURFACES EN M2	
ENTREE	5,50
SERVICE	5,50
CUISINE	9,00
SEJOUR	35,00
CHAMBRE 1	15,00
CHAMBRE 2	11,50
SDB	7,50
DEGAGT	9,00
TOTAL	98,00
PARCELLE	400,00

0   5   15   25   50

Situation 1:500

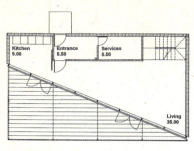

Ground floor plan

Kitchen
9.00

Entrance
5.50

Services
5.50

Living
35.00

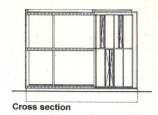

Cross section

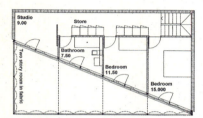

First floor plan

Studio
9.00

Store

Two story room in fabric

Bathroom
7.50

Bedroom
11.50

Bedroom
15.000

LOT	PRIX FF HT/TTC
GROS ŒUVRE 1	148 000,00
GROS ŒUVRE 2	40 000,00
ELECTRICITE	36 000,00
CHAUFF./VENTIL./VMC	48 000,00
PLOMBERIE	36 000,00
AMENAGT INT. 1	51 000,00
AMENAGT INT. 2	15 000,00
TOTAL TRAVAUX HT	374 000,00
HONO. ARCHI. HT	30 000,00
TOTAL HT	404 000,00
TOTAL TTC	487 224,00

0 1   3   5   10

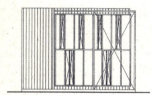

View from west

View from south

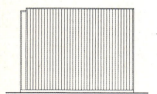

View from east

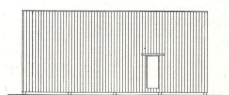

View from north

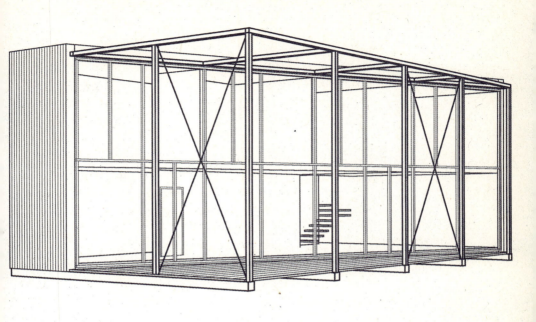

Scape House ► A l'époque d'Internet et du télétravail, plus besoin de vivre en ville pour mener une vie de citadin. Aux quinze pour cent de la population active qui manipulent des symboles et de l'information (consultants, juristes, artistes et autres informa-

BARCELONE
GUALLART + MULLER + RUIZ

ticiens) est proposée une maison branchée dans tous les sens du terme, dernier joujou à se procurer après le téléphone portable et le modem. Conforme aux standards du moment, la maison se doit d'être totalement efficace et légèrement ludique, assez sophis-tiquée pour servir de carte de visite, et spa-cieuse pour entretenir son corps aux moments perdus. Elle est entièrement vitrée, puisque le succès n'a rien à cacher. D'ailleurs c'est bien connu, les mutants ne souffrent ni du chaud ni du froid. Au moins apprécient-ils la vue reconstituante de leurs propres vignobles, mais en restant sous cloche, pour une vision plus dégagée de la situation. **P. J.**

WHO IS THE DIGITAL MAN?
THE PROFESSIONAL
WHO WORKS WITH THE INFORMATION.
he is creative,   and use software to work.
they are 15% of the poblation

1 % REPARTO DEL CAPITAL EN LA SOCIEDAD DE LA INFORMACION   ptas/ year

0,4%		MULTIMILLONARIOS	1.000.000.000
4%		RICOS	100.000.000
15,6%		PROFESIONALES	10.000.000
80%		EVENTUALES	1.000.000

Hot Hype

what is a house?
a house for a digital man are two houses:
one in the land-scape, one in the city

2 x el precio de 1

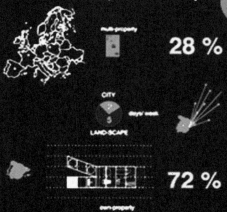

multi-property

28 %

CITY

day/x week

LAND-SCAPE

own-property

72 %

Hot Hype

Coque ▶ Le principe de la maison est de construire dès le départ un volume fini, vaste et lumineux, et de rajouter à l'intérieur, au fur et à mesure, les surfaces de planchers nécessaires. Rythmés par une trame de un mètre, les panneaux vitrés et métalliques alter-

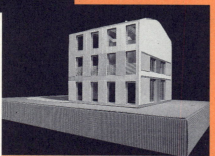

nent en façade et toiture, à l'exception du mur de mitoyenneté, laissé en parpaings. Contre ce mur opaque sont disposés les salles de bains, sanitaires et rangements. Sur les trois autres faces, éclairées largement, se répartissent les chambres, le séjour et la cuisine. La particularité de la maison est d'être haute (R+2) et d'offrir le choix entre un séjour doté de deux doubles hauteurs sur les côtés, ou bien davantage de chambres.

Au dernier niveau, un espace central d'un seul tenant sert de grenier de jeu, de bureau ou de chambre d'ami. En retrait par rapport aux façades, et desservi par deux échelles en bois, on pourrait imaginer qu'il change de statut à son tour et que le plancher prolongé agrandisse encore l'espace habitable. **P. J.**

UN ABRI
AU CENTRE
UN FOYER

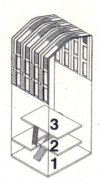

3 NIVEAUX

1 ESPACE DE VIE + GARAGE (58 M2 + 15 M2)

2 ESPACE INTIME (55 M2)

3 LE BERCEAU (42 M2)

    TOTAL : 170 M2

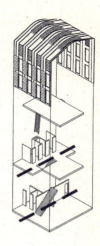

UNE
REPARTITION

ENTRE :

- DE GRANDS ESPACES DE VIE LIBRES

- DES ESPACES DE SERVICES OPTIMISES

UNE
MAISON

DANS LA
MAISON

ACCES

1 ENTREE DE LA MAISON AXEE SUR LA MAISON

2 ENTREE GARAGE

UN
REGROUPEMENT

DES ESPACES DE SERVICES REGROUPES

LORS DE JUMELAGE POUR CONSERVER

DES ESPACES DES VIE INTIMES

MAISON DE BASE

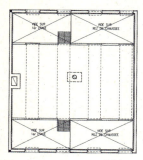

COMBLES

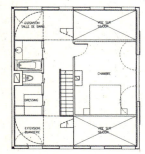

PLAN ETAGE

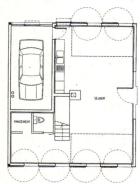

REZ DE CHAUSSEE

LOT	PRIX FF HT/TTC
FONDATIONS	5.562,00
SOLS	14 600,00
STRUCTURE PLANCHER	33 950,00
MURS PARPAINGS	33 312,00
CLOISONS	10 440,00
CHARPENTE TOITURE	14 540,00
CHARPENTE FACADE	25 000,00
BARDAGE METAL	38 700,00
ISOLATION	32 312,00
PORTE INTER.	6 800,00
MENUISERIES EXT. PVC	80 324,00
VOLETS PVC	9 500,00
MENUISERIE INT.	10 200,00
PLOMBERIE	20 000,00
ELEC. / CHAUFFAGE	32 500,00
TOTAL TRAVAUX HT	376 730,00
HONO. ARCHI. HT	37 780,00
TOTAL HT	414 510,00
TOTAL TTC	499 900,00

TOITURE

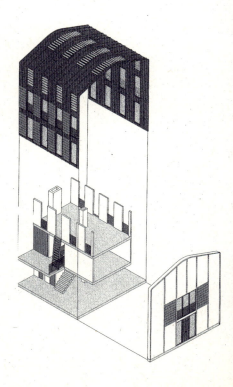

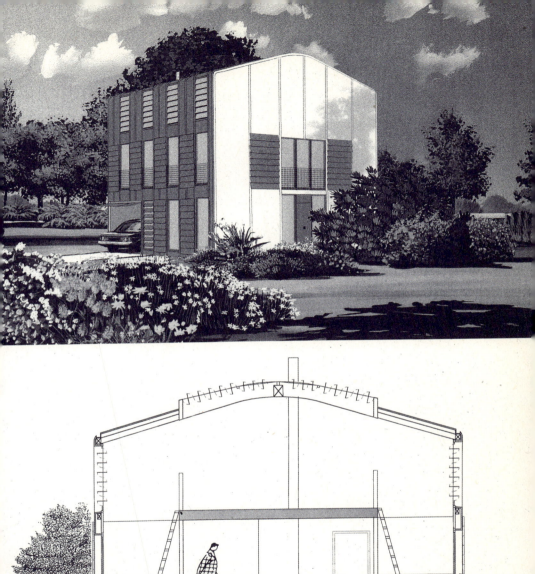
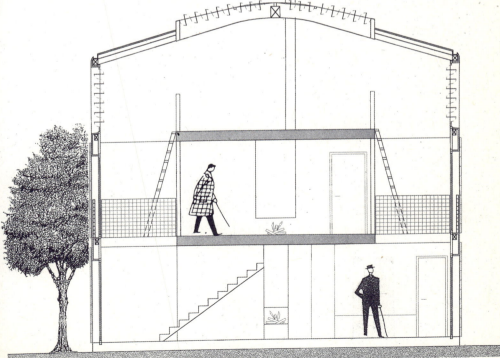

Les prés fabriqués ► La première étape de ce lotissement conduit à constituer un parc tel que l'implantation des lignes d'arbres constitue déjà des antichambres de l'espace privé de la maison. Cette proposition est prospective car elle ignore le découpage parcellaire et considère la maison comme un abri fondamentalement instable dans le temps – à la différence du parc. L'habitat viendra se connecter sur le seul élément construit pré existant, la borne de branchement des réseaux, traitée sur un mode sculptural. A partir de cette approche, sur la base de cette vision, trois déclinaisons formelles d'un même thème sont proposées où un vaste volume, d'environ 9 mètres de hauteur, est couvert d'une toiture arrondie, voûtain ou arc de cercle descendant jusqu'au sol. Le volume ainsi défini reste visuellement très présent à l'intérieur car les différents niveaux sont traités comme des mezzanines, ménageant une perception globale de l'espace. **F. A.**

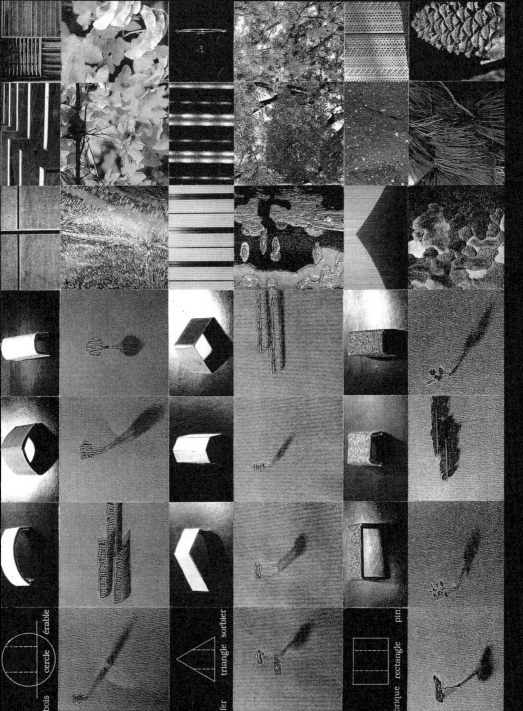

bois cercle érable

triangle sorbier

brique rectangle pin

LOCAUX / SURFACES EN M2	
SEJOUR	37,00
CUISINE	10,00
CHAMBRE 1	16,00
CHAMBRE 2	10,00
S D B	4,00
SANITAIRE	2,00
CIRCULATION	6,00
TOTAL	81,00
GARAGE	15,00
PARCELLE	400,00

LOT	PRIX FF HT/TTC
GROS-ŒUVRE	5 758,00
OSSATURE BOIS	65 810,00
COUVERTURE	34 950,00
FAÇADE	65 680,00
CLOISON. INT.	25 600,00
PLOMBERIE/SANIT.	41 500,00
ELEC./CHAUFFAGE	32 100,00
GARAGE	3 000,00
CLOTURE	11 400,00
JARDIN	14 661,00
TOTAL TRAVAUX HT	286 989,00
HONO. ARCHI. HT	70 500,00
TOTAL HT	357 498,00
TOTAL TTC	431 143,00

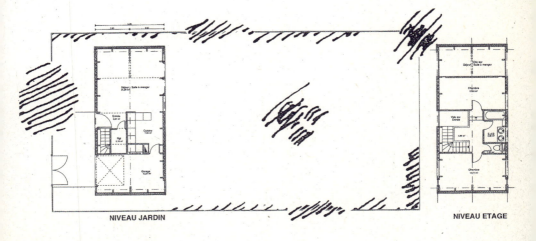

NIVEAU JARDIN   NIVEAU ETAGE

PARIS
MILLET avec
BESSON + MOSBACH

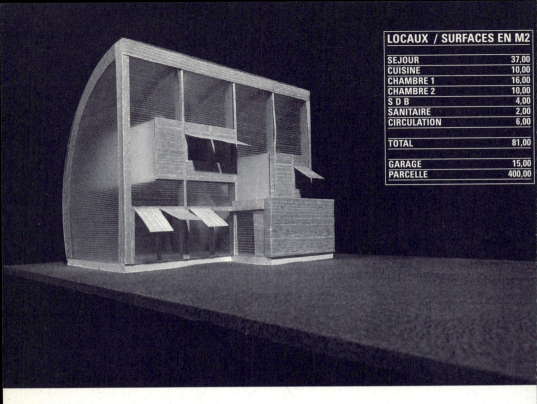

LOCAUX / SURFACES EN M2	
SEJOUR	37,00
CUISINE	10,00
CHAMBRE 1	16,00
CHAMBRE 2	10,00
S D B	4,00
SANITAIRE	2,00
CIRCULATION	6,00
TOTAL	81,00
GARAGE	15,00
PARCELLE	400,00

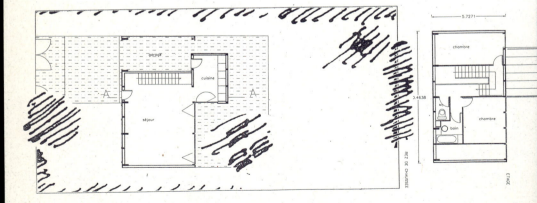

LOT	PRIX FF HT/TTC
GROS-ŒUVRE	10 952,00
OSSATURE BOIS	61 225,00
COUVERTURE	42 910,00
FACADE	71 740,00
CLOISON. INT.	20 860,00
PLOMBERIE / SANIT.	36 500,00
ELEC. / CHAUFFAGE	32 100,00
GARAGE	3 000,00
CLOTURE	11 400,00
JARDIN	14 688,00
TOTAL TRAVAUX HT	291 887,00
HONO. ARCHI. HT	70 500,00
TOTAL HT	362 387,00
TOTAL TTC	437 039,00

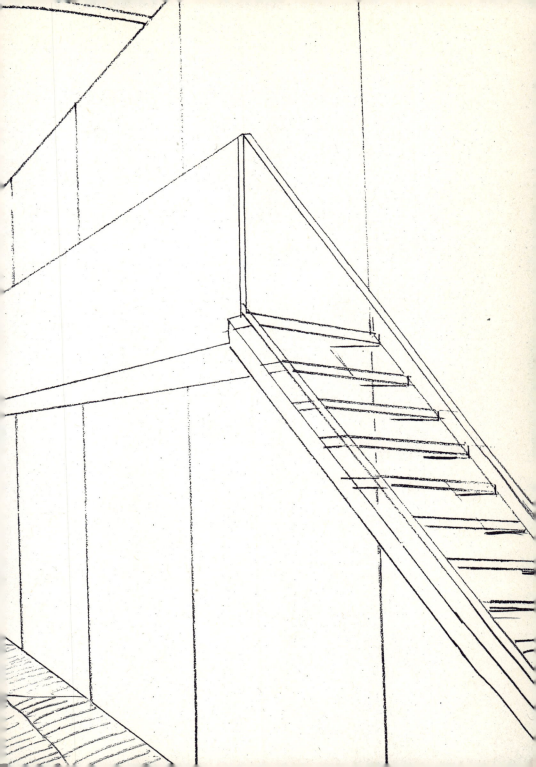

LOCAUX / SURFACES EN M2	
SEJOUR	37,00
CUISINE	10,00
CHAMBRE 1	16,00
CHAMBRE 2	10,00
S D B	4,00
SANITAIRE	2,00
CIRCULATION	6,00
TOTAL	81,00
GARAGE	15,00
PARCELLE	400,00

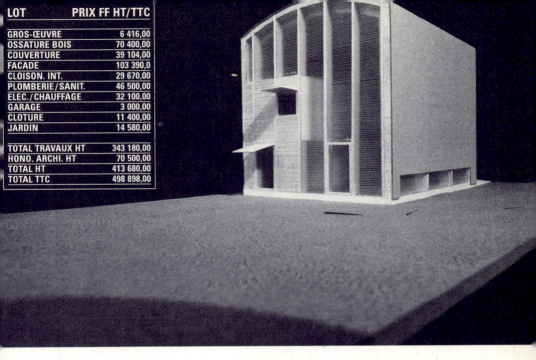

LOT	PRIX FF HT/TTC
GROS-ŒUVRE	6 416,00
OSSATURE BOIS	70 400,00
COUVERTURE	39 104,00
FACADE	103 390,0
CLOISON. INT.	29 670,00
PLOMBERIE/SANIT.	46 500,00
ELEC./CHAUFFAGE	32 100,00
GARAGE	3 000,00
CLOTURE	11 400,00
JARDIN	14 580,00
TOTAL TRAVAUX HT	343 180,00
HONO. ARCHI. HT	70 500,00
TOTAL HT	413 680,00
TOTAL TTC	498 898,00

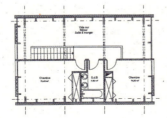

NIVEAU ETAGE

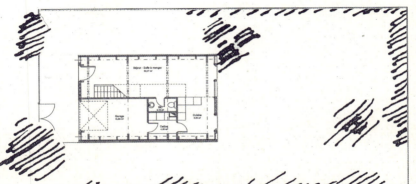

NIVEAU JARDIN

Equerre ► Deux ailes en équerre encadrent une petite terrasse extérieure. Quand la maison est de petite taille, c'est une disposition efficace pour donner de l'intimité aux pièces tout en favorisant la convivialité par la convergence vers la terrasse. C'est aussi un bon moyen d'organiser la relation de la maison avec son environnement : munie de deux lieux extérieurs mais protégés, sa terrasse et son allée de desserte, la maison s'inscrit dans une surface carrée qui s'associe facilement à d'autres. Elle peut aussi bien rester isolée que devenir mitoyenne. Elle peut disposer d'un jardin individuel traditionnel, ou bien s'ouvrir sur un espace résidentiel collectif à la façon des maisons américaines sans parcelle.

A l'intérieur, la diagonale entre les deux cubes ouvre des vues et donne du volume. Le regard que la maison porte sur elle-même par l'intermédiaire de la terrasse centre et en même temps élargit l'univers domestique. La répartition par ailleurs classique des pièces est enrichie par la double hauteur donnée à la cuisine-salle à manger. **P. J.**

COPENHAGE
HENRIKSEN + LEVRING

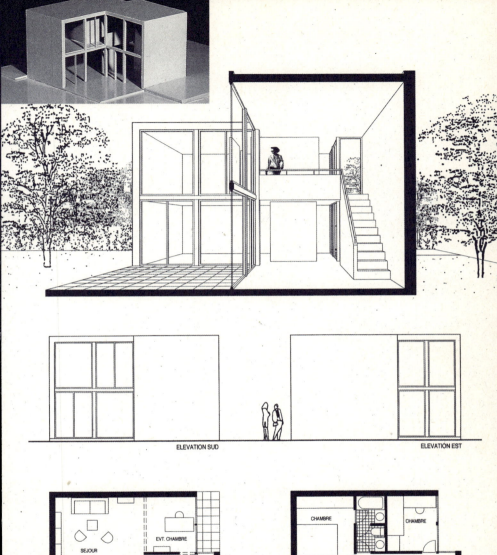

ELEVATION SUD

ELEVATION EST

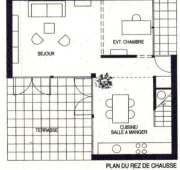

SEJOUR

EVT. CHAMBRE

TERRASSE

CUISINE/
SALLE A MANGER

PLAN DU REZ DE CHAUSSE

CHAMBRE

CHAMBRE

VIDE

PLAN DU PREMIER ETAGE

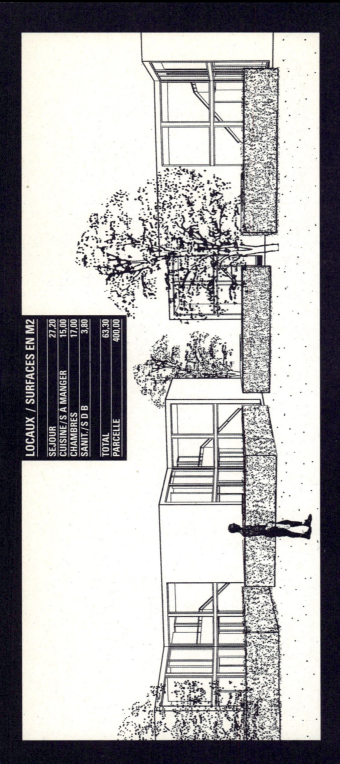

LOCAUX / SURFACES EN M2

SEJOUR	27,20
CUISINE / S A MANGER	15,00
CHAMBRES	17,00
SANIT. / S D B	3,80
TOTAL	63,30
PARCELLE	400,00

COMME HABITATION OU LES ESPACES VERTS SONT MIS EN COMMUN

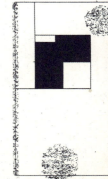

SUR PLOTS INDIVIDUELLES

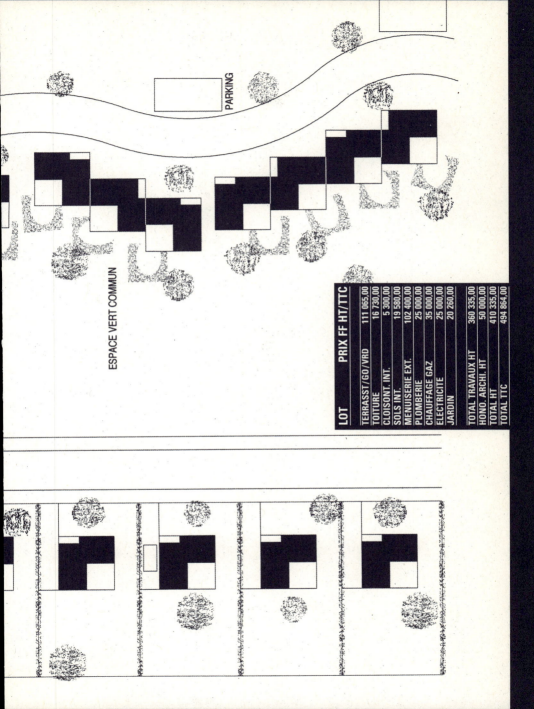

PARKING

ESPACE VERT COMMUN

LOT	PRIX FF HT/TTC
TERRASST/GO/VRD	111 065,00
TOITURE	16 730,00
CLOISONT. INT.	5 300,00
SOLS INT.	19 580,00
MENUISERIE EXT.	102 400,00
PLOMBERIE	25 000,00
CHAUFFAGE GAZ	35 000,00
ELECTRICITE	25 000,00
JARDIN	20 260,00
TOTAL TRAVAUX HT	360 335,00
HONO. ARCHI. HT	50 000,00
TOTAL HT	410 335,00
TOTAL TTC	494 864,00

Puzzle ► Dans cette proposition riche de sens, la maison, ses accès et la végétation font par hypothèse partie d'un même tout, un environnement idéal où toutes les fonctions s'imbriquent l'une dans l'autre. La maison devient la pièce d'un puzzle où l'angle droit est banni, et les pentes engazonnées de sa toiture composent un artefact de vallonnement digne d'un paysage de Braque.

PARIS
JAKOB + MACFARLANE

Sur ce principe d'imbrication, toutes les tailles et configurations de maisons peuvent être imaginées, ainsi que toutes les largeurs de chemins ou de rues. Selon les endroits, les maisons sont à touche touche ou espacées. On ne sait plus qui de la voirie ou de la maison, de la parcelle ou du bâti détermine l'autre. C'est l'intégration totale de l'habitat et du paysage, le contraire de l'architecture-objet, obtenue sans célébrer pour autant une ode béate à la Mère nature.

La lisibilité de cette cité-jardin du troisième type pâtira quelque peu de la répétition des angles brisés, à moins que des repères de couleur ou de végétation s'en mêlent efficacement. Du moins évite-t-on la monotonie des lotissements habituels et les tentations de l'excès de vitesse.

Principes communs à toutes les maisons : une disposition en couronne autour d'une patio-jardin, des pièces de plain-pied, des angles obtus favorisant la fluidité des espaces. Pour la maison de type 3 pièces-cuisine, la construction ultérieure d'une troisième chambre est facilitée par la fourniture dès la livraison du sol et de la toiture. Au papier peint qui ne manquera pas d'être posé sur les murs, les architectes ajoutent une touche brutaliste en proposant du béton lasuré de couleur sur les sols et les plafonds, et de grandes fenêtres coulissantes en aluminium naturel. **P. J.**

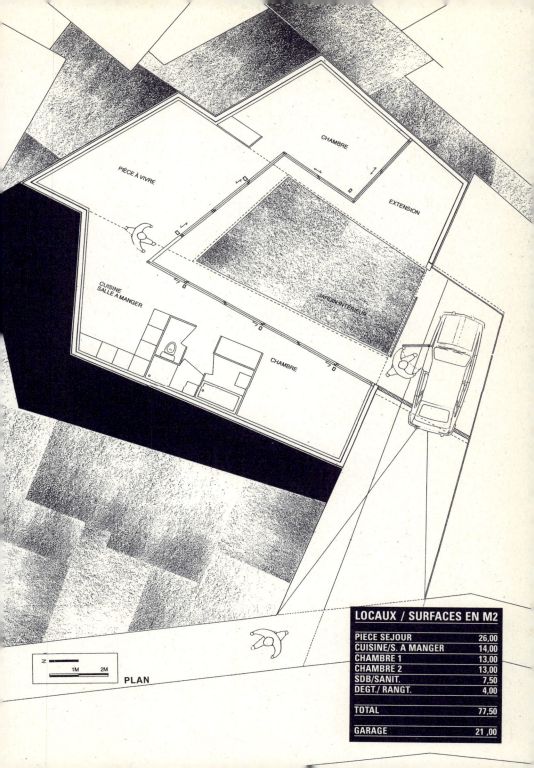

CHAMBRE

PIÈCE À VIVRE

EXTENSION

CUISINE
SALLE A MANGER

JARDIN INTÉRIEUR

CHAMBRE

N

1M   2M

PLAN

LOCAUX / SURFACES EN M2	
PIÈCE SÉJOUR	26,00
CUISINE/S. A MANGER	14,00
CHAMBRE 1	13,00
CHAMBRE 2	13,00
SDB/SANIT.	7,50
DEGT./ RANGT.	4,00
TOTAL	77,50
GARAGE	21 ,00

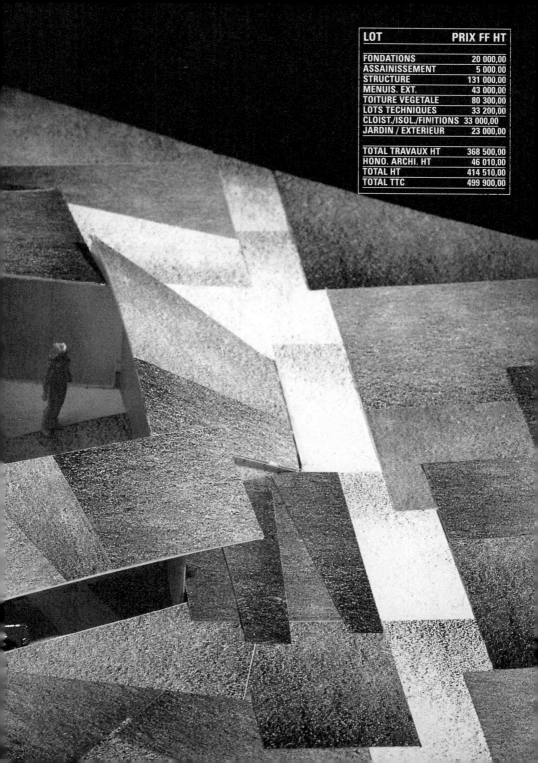

LOT	PRIX FF HT
FONDATIONS	20 000,00
ASSAINISSEMENT	5 000,00
STRUCTURE	131 000,00
MENUIS. EXT.	43 000,00
TOITURE VEGETALE	80 300,00
LOTS TECHNIQUES	33 200,00
CLOIST./ISOL./FINITIONS	33 000,00
JARDIN / EXTERIEUR	23 000,00
TOTAL TRAVAUX HT	368 500,00
HONO. ARCHI. HT	46 010,00
TOTAL HT	414 510,00
TOTAL TTC	499 900,00

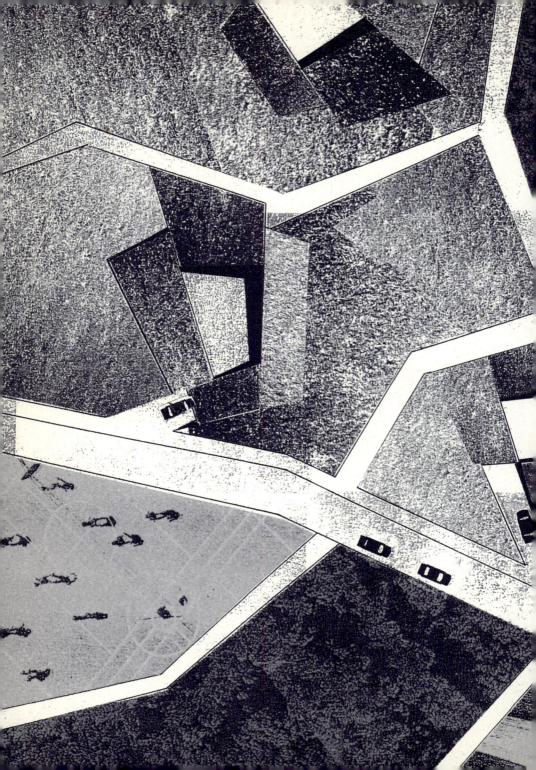

12 x 12 (je rêvais dans mon patio quand soudain...) ▶ C'est un « lotissement horizontal » constitué de maisons à patio construites de plain-pied et juxtaposées. Son principe rappelle « l'Unité d'habitation horizontale » construite par Adalberto

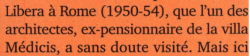

Libera à Rome (1950-54), que l'un des architectes, ex-pensionnaire de la villa Médicis, a sans doute visité. Mais ici les maisons sont disposées en bandes et non en « nappe », et possèdent chacune un jardin en fond de parcelle. L'objectif est de concilier le caractère individuel de la maison, son contact continu avec le sol et la nécessité de l'assembler à d'autres pour constituer de vrais linéaires urbains.

Les maisons sont dessinées sur un plan carré de 12 x 12 mètres, autour d'un patio de 4 mètres de côté. A cette disposition en plan dont on connaît le charme de la Méditerranée à la Scandinavie s'ajoute le principe d'une galerie couverte qui prolonge le patio et conduit au jardin. Cette galerie constitue une petite pièce d'extérieur utile au bricolage, aux goûters abrités ou au rangement des vélos. Si la famille s'agrandit, elle peut devenir une nouvelle chambre accessible depuis le séjour : il suffira pour cela de déplacer la façade de ce dernier sur la galerie et d'installer à la place une cloison.

Le plan recèle d'autres possibilités de transformation : une chambre peut être aménagée dans le vestibule, prévu de bonne taille ; le séjour peut être surélevé pour créer une pièce en mezzanine sous un pan de toit plus haut.

La maison est couverte d'un toit à faible pente et à quatre noues, qui crée des volumes intérieurs intéressants. **P. J.**

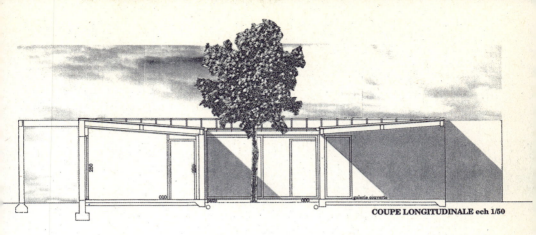

COUPE LONGITUDINALE ech 1/50

PERSPECTIVE - la maison vue depuis le jardin

LOCAUX / SURFACES EN M2	
ENTREE	2,48
VESTIBULE	16,46
DEGAGT. DROIT	2,70
DEGAGT. GAUCHE	5,04
WC	2,07
S D B	5,09
CUISINE	6,86
CHAMBRE 1	9,99
CHAMBRE 2	12,90
SEJOUR	20,35
TOTAL	84,00
GARAGE	15,50
PARCELLE	400,00

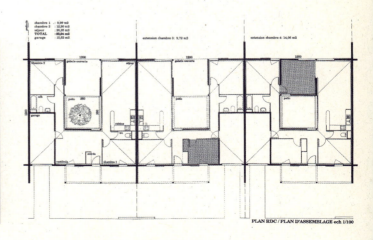

PLAN RDC / PLAN D'ASSEMBLAGE ech 1/100

A LA RECHERCHE DE LA MAISON MODÈLE
Proposition Jullien-Gory

•construire les limites

les maisons occupent toute la largeur des lots (12m de large sur la rue) et sont mitoyennes. Les espaces intersticiels entre lots disparaissent, les jardins sont à l'arrière (lots de 25 à 30m de profondeur).

•un lotissement horizontal

le modèle de base des maisons est entièrement de plain-pied, sur l'extérieur les façades forment un front continu en retrait de 6m par rapport à la rue. L'ouverture sur l'entrée laisse deviner la profondeur des maisons mais l'intimité reste complète. Le modèle variante (double hauteur sur le salon avec toit en pente forte) rompt le rythme horizontal sur l'arrière des maisons.

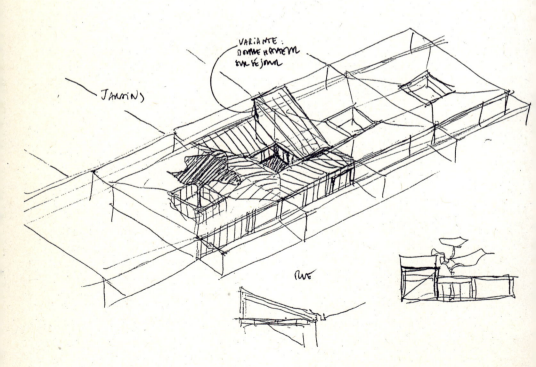

•la maison à patio : géométrie et surface

Sur un plan carré de 12x12m, couverte par un toit à faible pente à quatre noues, la maison de base est d'une grande rigueur géométrique ce qui permet des espaces très simples et harmonieux avec des matériaux courants. La légère inclinaison des plafonds et l'inflexion des noues enrichissent le volume des pièces.

•patio et galerie : intérieur/extérieur

le patio de 4x4m au centre du carré est prolongé par une galerie couverte ouverte sur le jardin. Il peut s'ouvrir entièrement par des baies coulissantes. Les vues croisées du dedans au dehors donnent une impression d'espace et d'intimité.

•extension par densification

Les surfaces données au départ (84m2 habitables pour un 3P) permettent de définir une entrée-vestibule spacieuse (19m2) qui prolonge le séjour à travers le patio. Ce vestibule peut être cloisonné pour constituer une première "extension", une chambre de 10 m2. La galerie entre le patio et le jardin, livrée avec une dalle béton et la même couverture que le reste de la maison, peut être close pour constituer une deuxième "extension" : elle devient alors une pièce de 16m2 indépendante et accessible du séjour. (récupération possible de deux baies existantes pour clore la galerie). Enfin dans la variante avec double hauteur sur le séjour, une extension classique en mezzanine est possible.

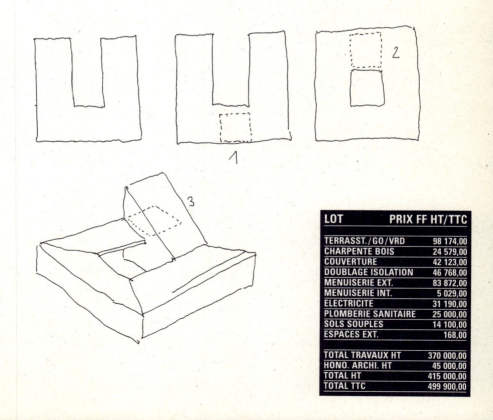

LOT	PRIX FF HT/TTC
TERRASST./GO/VRD	98 174,00
CHARPENTE BOIS	24 579,00
COUVERTURE	42 123,00
DOUBLAGE ISOLATION	46 768,00
MENUISERIE EXT.	83 872,00
MENUISERIE INT.	5 029,00
ELECTRICITE	31 190,00
PLOMBERIE SANITAIRE	25 000,00
SOLS SOUPLES	14 100,00
ESPACES EXT.	168,00
TOTAL TRAVAUX HT	370 000,00
HONO. ARCHI. HT	45 000,00
TOTAL HT	415 000,00
TOTAL TTC	499 900,00

Icône ► Il s'agit d'étudier une version contemporaine et sans a priori de l'« icône » de la maison individuelle, cet archétype à quatre murs et chapeau pentu que l'imaginaire collectif véhicule comme un absolu. Pour en revisiter l'image, les architectes ont

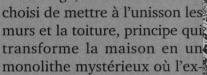

PARIS
JUMEAU + PAILLARD

choisi de mettre à l'unisson les murs et la toiture, principe qui transforme la maison en un monolithe mystérieux où l'expression traditionnelle des matériaux a disparu. Sont effacés également de ce

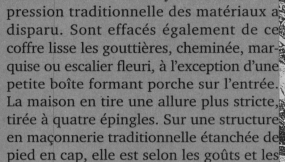

coffre lisse les gouttières, cheminée, marquise ou escalier fleuri, à l'exception d'une petite boîte formant porche sur l'entrée. La maison en tire une allure plus stricte, tirée à quatre épingles. Sur une structure en maçonnerie traditionnelle étanchée de pied en cap, elle est selon les goûts et les moyens de l'occupant entièrement revêtue d'un matériau dur (plaques d'enduit, bois, grillage, polycarbonate, etc...), ou/et recouverte de végétaux grimpants.

A l'intérieur, la trame porteuse permet de multiples combinaisons : séjour traversant, longitudinal ou fractionné en deux espaces diagonaux, doubles hauteurs à investir pour créer des chambres supplémentaires, etc. Les grandes portes-fenêtres, de format unique et dotées d'un tableau en débord, disposent de façon variable de la trame de la façade.

Sur le plan urbain, la réflexion porte sur les conditions de l'intégration du lotissement à son territoire. Outre des dispositions relatives au raccordement des voiries sur le maillage déjà en place, il est proposé de reprendre en réduction le découpage rural préexistant afin de reproduire dans le plan de lotissement la souplesse des tracés naturels et l'intelligence de leur ancienne exploitation agricole. **P. J.**

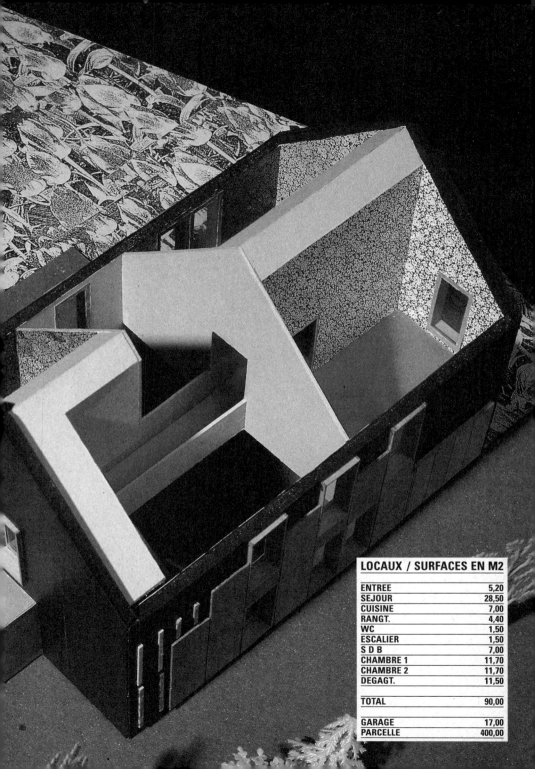

LOCAUX / SURFACES EN M2	
ENTREE	5,20
SEJOUR	28,50
CUISINE	7,00
RANGT.	4,40
WC	1,50
ESCALIER	1,50
S D B	7,00
CHAMBRE 1	11,70
CHAMBRE 2	11,70
DEGAGT.	11,50
TOTAL	90,00
GARAGE	17,00
PARCELLE	400,00

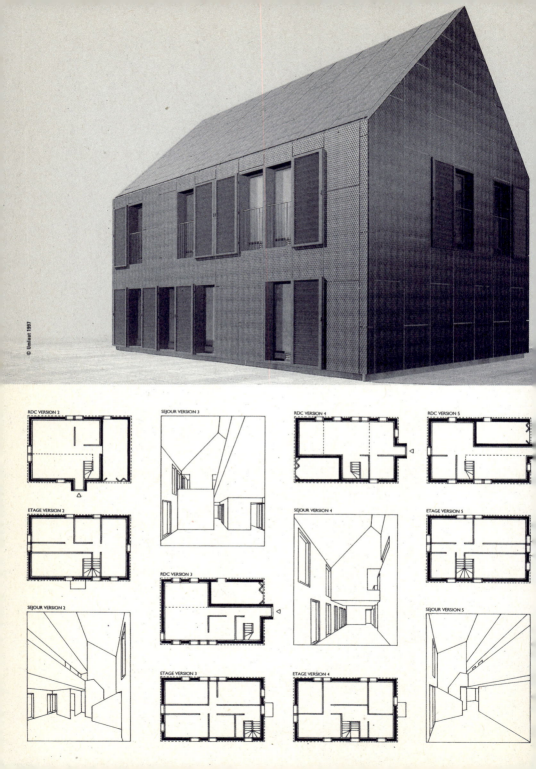

RDC VERSION 2

SEJOUR VERSION 3

RDC VERSION 4

RDC VERSION 5

ETAGE VERSION 2

SEJOUR VERSION 4

ETAGE VERSION 5

SEJOUR VERSION 2

RDC VERSION 3

SEJOUR VERSION 5

ETAGE VERSION 3

ETAGE VERSION 4

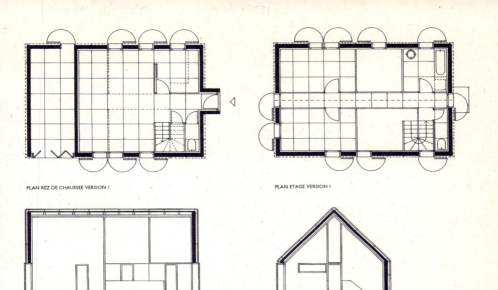

PLAN REZ DE CHAUSSEE VERSION I

PLAN ETAGE VERSION I

SECTIONS VERSION I

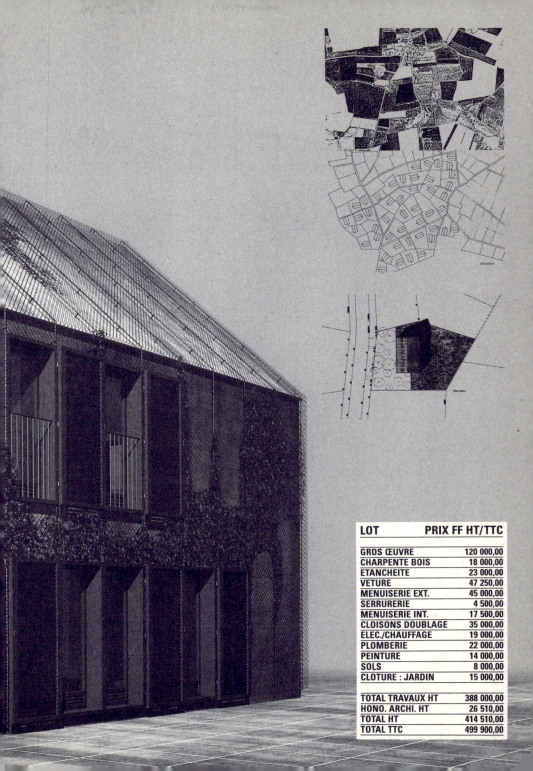

LOT	PRIX FF HT/TTC
GROS ŒUVRE	120 000,00
CHARPENTE BOIS	18 000,00
ETANCHEITE	23 000,00
VETURE	47 250,00
MENUISERIE EXT.	45 000,00
SERRURERIE	4 500,00
MENUISERIE INT.	17 500,00
CLOISONS DOUBLAGE	35 000,00
ELEC./CHAUFFAGE	19 000,00
PLOMBERIE	22 000,00
PEINTURE	14 000,00
SOLS	8 000,00
CLOTURE : JARDIN	15 000,00
TOTAL TRAVAUX HT	388 000,00
HONO. ARCHI. HT	26 510,00
TOTAL HT	414 510,00
TOTAL TTC	499 900,00

Maisons ordinaires / Grange en polycarbonate ▶ Assemblées deux par deux ou quatre par quatre, voici des maisons sans prétention, d'aspect volontairement ordinaire. Elles sont caractérisées par leur plan en enfilade et par leur jardin d'hiver, glissé entre salon et garage pour agrandir de façon économique l'espace habitable. Cet appendice est un grand volume en polycarbonate transparent ondulé, sans affectation précise donc d'autant plus utile ; ce genre d'espace libre qui fait le plaisir des maisons manque toujours aux appartements.

La particularité de ce projet est d'en avoir fait la transcription moderne d'une grange en lui donnant une double hauteur et une taille importante : 25 m² au sol, placés dans le prolongement du séjour qui en mesure déjà 34. Sans compter qu'un autre plateau est offert au-dessus du garage, en sus des pièces imposées et sans supplément de prix.

Ce luxe d'espace promet de belles fêtes avec les copains. Selon les moments, il permettra l'installation d'un atelier, d'une serre, d'un espace de jeu, d'un dortoir d'été ou de tout ce qu'on voudra. La paroi translucide de la grange gêne toutefois un peu cette liberté d'utilisation, mais elle est nécessaire pour apporter un complément de lumière solaire aux espaces intérieurs principalement mono-orientés. **P. J.**

PARIS

LE K : HERMAN + SIGWALT + VERDIER

Chez soi,
au large
dans un environne-
ment paisible et
lumineux

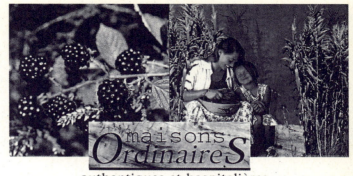

maisons
Ordinaires

authentiques et hospitalières

170 m² habitables*

490 000 Fttc**

construction
traditionnelle

Les maisons de
ceux qui ne
sacrifient rien
pour leur mai-
son...

surface hors œuvres nette,
close et couverte, habitable
selon affectation des
espaces annexes (garage
5m2, jardin d'hiver 25 m2,
grange» 25m2)
*y compris clôtures (35 ml),
portail et éléments d'aménagement paysagé. Non com-
pris achat terrain

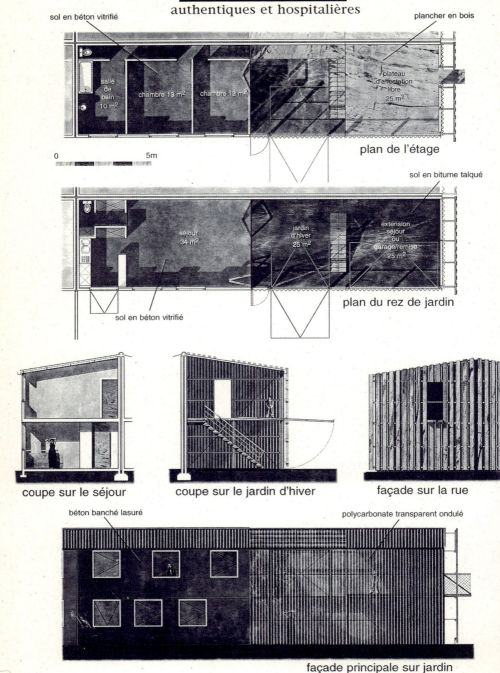

maisones
OrdinaireS
authentiques et hospitalières

sol en béton vitrifié   plancher en bois

salle de bain 10 m²   chambre 13 m²   chambre 12 m²   plateau d'affectation libre 25 m²

0   5m

plan de l'étage

sol en bitume talqué

séjour 34 m²   jardin d'hiver 25 m²   extension séjour ou garage/remise 25 m²

plan du rez de jardin

sol en béton vitrifié

coupe sur le séjour   coupe sur le jardin d'hiver   façade sur la rue

béton banché lasuré   polycarbonate transparent ondulé

façade principale sur jardin

matrices Pavillonnaires

à utiliser brute ou à adapter dans un tissu urbain existant

herbes

élément d'aménagement
paysagé 1: jardins et allées

cannes

élément d'aménagement
paysagé 2: clôtures

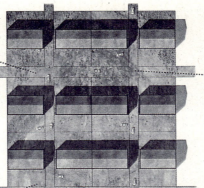

ronces

élément d'aménagement
paysagé 3: clôtures

barrières

élément d'aménagement
paysagé 4: clôtures

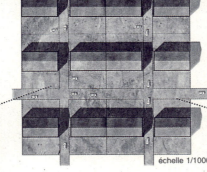

échelle 1/1000

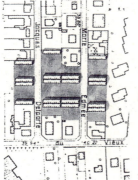

exemple d'adaptation

échelle 1/2000

nord

principe d'orientatation

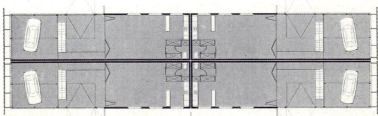

principe d'assemblage des maisons

échelle 1/200

LOCAUX / SURFACES EN M2		LOT	PRIX FF HT/TTC
SEJOUR	34,00	GROS-ŒUVRE	96 180,00
CUISINE / SANIT.	12,50	CHARP. METAL / COUV.	69 160,00
DEGAGT.	6,00	CLOISON DOUBLAGE	14 100,00
S D B	11,50	SERRURERIE	31 980,00
CHAMBRE 1	13,00	MENUISERIE INT.	51 400,00
CHAMBRE 2	12,00	PEINTURE	7 360,00
		ELECTRICITE	35 000,00
TOTAL	89,00	PLOMBERIE SANITAIRE	65 000,00
		PLANTATIONS	2 560,00
GARAGE	25,00		
ou JARDIN D'HIVER	25,00	TOTAL TRAVAUX HT	372 740,00
ou GRANGE	25,00	HONO. ARCHI. HT	41 000,00
		TOTAL HT	413 740,00
		TOTAL TTC	498 970,00

Maison industrialisée/Maison Latapie ► La conception de cette maison répond à la volonté de définir une enveloppe la plus grande possible en utilisant des techniques de construction industrielles. Une maison individuelle a déjà été construite sur ce modèle dans la banlieue de Bordeaux, pour un couple avec deux enfants.

BORDEAUX
LACATON + VASSAL

Structurée par une ossature métallique, habillée de bardage en fibreciment et de polycarbonate translucide, la maison ne donne ni dans la valeur pierre ni dans le style campagnard. Elle milite ouvertement pour une autre vision du logement, celle où le luxe n'est pas affaire de matériaux mais de quantité d'espace. Cette idée qui n'est pas nouvelle est rarement appliquée dans l'habitat individuel. Passage à l'acte : l'emprise rectangulaire de la maison est de 12 X 10,50 mètres au sol, orientée est-ouest et partagée en deux volumes. Le premier volume est le noyau dur du logement, qui comporte le garage, la cuisine et le séjour en bas, en haut les chambres et la salle de bains. Le second volume est une serre en polycarbonate, véranda grand format située du côté du jardin. Les architectes le considèrent comme un espace habitable à part entière, utilisable la majeure partie de l'année, du moins sous certaines latitudes. Il est équipé de larges ouvrants d'aération en partie haute et d'un ombrage sous la toiture. Il peut être légèrement chauffé pour prolonger l'occupation en hiver.

Toutes les pièces y compris le garage ouvrent d'un côté sur la rue, de l'autre sur la serre. Les façades opaques ou vitrées sont très mobiles, pourvues de portes ouvrantes et repliables. La maison évolue ainsi du plus ouvert au plus fermé selon les désirs de lumière, de transparence, d'intimité, de protection ou d'aération. Mais aucune pièce n'ouvre directement sur le jardin. **P. J.**

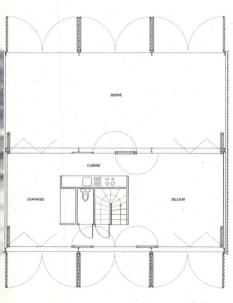

PLAN DU REZ DE CHAUSSEE / OUVERT

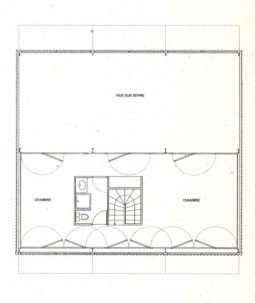

PLAN DE L'ETAGE

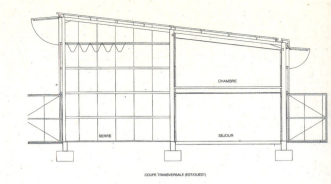

COUPE TRANSVERSALE (EST/OUEST)

LOCAUX / SURFACES EN M2	
SEJOUR	24,80
CUISINE	6,12
ENTREE	4,08
WC	1,53
ESCALIER	3,23
RANGT	1,44
CHAMBRE 1	14,00
CHAMBRE 2	24,00
S D B	4,05
DEGT./RANGT.	9,00
TOTAL	92,25
GARAGE/SEJOUR	14,00
SERRE/SEJOUR	63,00

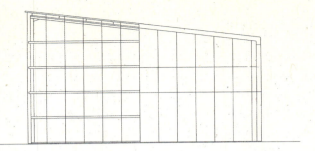

FACADE PIGNON (NORD)

LOT	PRIX FF HT/TTC
FONDATIONS / MAÇON.	44 595,00
CHARPENTE METAL.	178 200,00
COUV. / BARDAGE	14 300,00
PLOMBERIE SANITAIRE	20 885,00
ELEC. / CHAUFFAGE	22 155,00
CLOISON / ISOLATION	18 457,00
MENUISERIE BOIS / ESC.	66 185,00
SOLS	5 250,00
TOTAL TRAVAUX HT	370 027,00
HONO. ARCHI. HT	44 403,00
TOTAL HT	414 430,00
TOTAL TTC	499 803,00

Une jolie maison solide / Poster ▶ Certains portent des tee-shirts : «je suis fragile» ou «j'aime la nature». La maison-slogan décline le même principe autoproclamant et personnalisant. Une fois emménagé dans la maison livrée brute, assez solide et tra-ditionnellement conçue pour traverser les décennies et les plans d'épargne logement, on court au magasin de bricolage acheter la nouvelle génération de papier peint : le revêtement d'exté-rieur prêt-à-poser. C'est une toile translucide imprimée en qua-drichromie, tendue sur des cadres ouvrants en acier. L'idéal est d'en couvrir tout le clos-couvert, toiture comprise. Ce camou-flage complet remplacera alors non seulement le faux parement de brique ou l'enduit rosé mais aussi les stores (en position ouverte) ou les rideaux (en position fermée). La nuit, la maison brillera comme une lanterne à travers ses motifs.

PARIS
LACOSTE

Pour des raisons budgétaires, l'architecte présente un catalogue de 21 toiles différentes. Mais on peut rêver que chacun puisse proposer sa création originale. La maison deviendrait ainsi une cimaise offerte aux talents de ses habitants et à l'attention des passants, cependant que l'intérieur, «portes closes, possession jalouse du bonheur», préserve ses secrets et son intimité. **P. J.**

138

les minéraux

le béton

le rocher

le mur en moellons

les matières

le zinc

les bardeaux

le cuivre

les trois petits cochons

la paille

le bardage bois

les briques

les éléments

l'eau

le ciel

les étoiles

les végétaux

l'herbe

la forêt

les buisons

les imprimés

à fleurs

technologique

azulejos

les personnalisés

le portrait de famille

le voyageur

l'intellectuel

maison n. f. (lat. mansio; de manere, demeurer). Construction destinée à l'habitation humaine: bâtir une maison. • Clan. Être de maison, de noble famille. // Petites Maisons, hôpital pour fous, à Paris. // Maison des champs, celle que l'on a à la campagne.

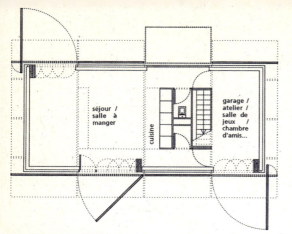

plan du rez de chaussée

séjour / salle à manger

cuisine

garage / atelier / salle de jeux / chambre d'amis...

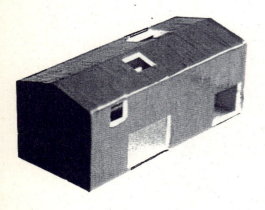

une "maison de maçon" solide

+

une jolie façade à son goût

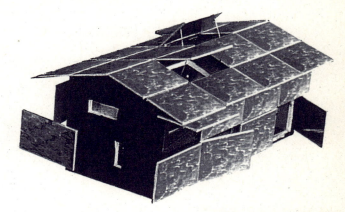

une jolie maison solide

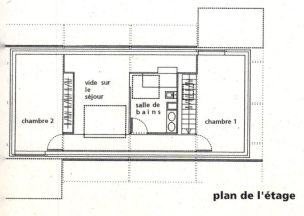

plan de l'étage

LOT	PRIX FF HT
STRUCTURE	62 871,00
ENVELOPPE	101 810,00
SUR-FACADE/TOITURE	76 940,00
FINITIONS INT.	34 710,00
EQUIPT SANIT.	26 000,00
EQUIPT ELEC.	15 000,00
CHAUFFAGE GAZ	38 000,00
JARDIN	16 650,00
TOTAL TRAVAUX HT	369 981,00
HONO. ARCHI. HT	44 510,00
TOTAL HT	414 491,00
TOTAL TTC	499 881,00

Zed Zero Houses ► Renversement de perspective : plutôt que de commencer par tracer les voies primaires, puis les voies secondaires, continuer par les limites de parcelles et enfin poser les maisons au centre, la démarche est ici inversée. C'est le plan de l'unité de vie – prise au sens large : logement, jardin, garage –, conçue pour préserver la *privacy*, qui génère au final, par assemblage, juxtaposition, mise en relation, évitement, les espaces communs, les lieux de réunion ou de promenade, les aires de jeux, les cheminements, les rues « 1st speed » et les rues « 2nd speed » avec pour objectif la constitution d'une réelle communauté de vie et non pas une addition d'isolats. On commence par regrouper deux logements accolés de façon à attraper le maximum de lumière et ouverts le plus possible sur le jardin, mais modulables dans leur volumétrie en fonction de la topographie et de la végétation existante de manière à donner une sensation de mouvement et d'enroulement autour des espaces extérieurs. Le logement se développe sur deux niveaux avec un éclairage zénithal sur l'escalier qui met en valeur sa dimension verticale. En rez-de-chaussée, un décaissé par rapport au niveau du jardin apporte une hauteur de 3,20 mètres au séjour. Une grande variété de façades est offerte par la juxtaposition de différents matériaux à partir d'une structure acier : panneaux de béton préfabriqués, bardeaux de terre cuite, caissons métalliques côtoient différents types de verre, opaques, translucides, transparents. De leur association adéquate dépend non seulement le confort intérieur du logement mais aussi ses vues sur le voisinage ou les zones de parking. Un équilibre subtil entre la constitution d'une intériorité sans concession et l'ouverture vers l'extérieur. **G. D.**

LONDRES
LAGESS +
MACNAMARA

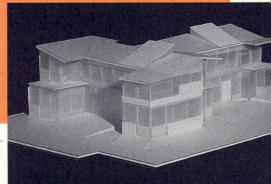

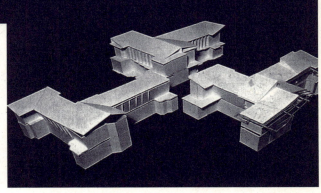

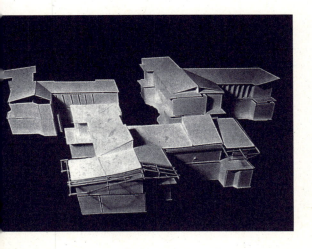

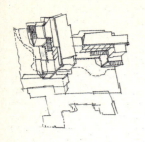

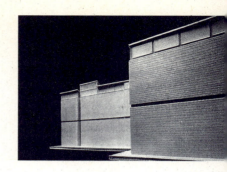

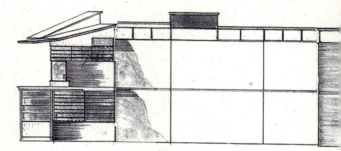

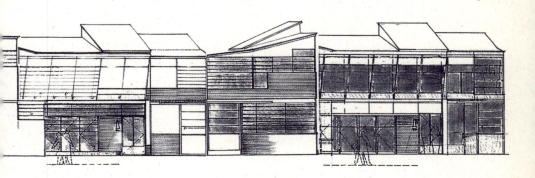

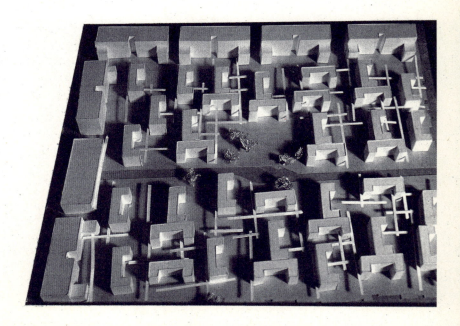

Picnic / Immersion ► Carrée comme la nappe d'un pique-nique, la maison est posée dans une clairière. Elle répond à la lettre au rêve français de la maison individuelle : désir de tranquillité et d'immersion dans la nature. Les habitants plantent eux-mêmes, en talus sous leurs fenêtres, la végétation qui filtre et protège

MARIN-TROTTIN + TROTTIN

leur intimité. Cette claustra végétale dont l'aspect change avec les saisons est en genêts, pommiers, lauriers-roses, bambous ou mimosas selon la région. Des mousses et des plantes rampantes ou odorantes se développent jusqu'au bord des fenêtres.

De 10 mètres de côté, l'intérieur fonctionne comme un loft autour d'un bloc humide central : espace ouvert et flexible où même la voiture a droit de cité. La maison étant éclairée sur quatre côtés, tous les aménagements et cloisonnements sont possibles.

Pour rentrer dans les prix, la construction fait appel à des techniques simples : un radier ceint d'un muret périphérique en béton formant allège, 18 poteaux métalliques, des bacs acier couverts d'une isolation puis d'une étanchéité végétalisée qui se fond le paysage. Les fenêtres qui courent sur tout le périmètre et les volets coulissants en bois peuvent être achetés dans les grandes surfaces de bricolage. La nuit des lampes suspendues aux façades illuminent joliment la végétation. **P. J.**

LOCAUX / SURFACES EN M2		
CUISINE	6,30	
WC	1,36	
SDB	3,84	
PLACARD	0,56	
CHAMBRES 1, 2 ou 3	de 5,92 à 14,16	
PIÈCE A VIVRE	35 à 50	
TOTAL	104,00	
Y COMPRIS GARAGE		
PARCELLE MINIMUM	360,00	

LOT	PRIX FF HT/TTC
GROS ŒUVRE	156 144,00
MENUISERIE EXT.	99 800,00
AMENAGEMENT INT.	22 754,00
ELECTRICITE	20 000,00
CHAUFFAGE GAZ	40 000,00
PLOMBERIE	20 000,00
VRD	1 500,00
JARDIN/PORTAIL	16 800,00
TOTAL TRAVAUX HT	376 998,00
HONO. ARCHI. HT	37 500,00
TOTAL HT	414 498,00
TOTAL TTC	499 884,59

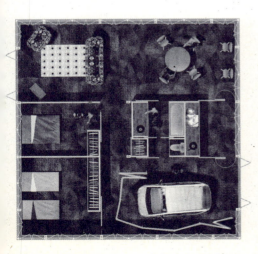

Tranches de vie ▶ Deux longs murs parallèles placés à 5,50 mètres l'un de l'autre définissent des maisons en tranches, leurs annexes et leurs prolongements extérieurs en constituant aussi – et surtout – des tranches de vie. Les différents éléments spatiaux s'égrènent en enfilade depuis la rue, dans une largeur identique : le garage, le patio, la maison, le jardin, d'abord privatif puis mis en relation avec les jardins voisins. pour devenir public. L'intérieur de la maison reprend la même disposition : en rez-de-chaussée, encaissé d'un mètre, se succèdent la salle à manger ouvrant sur le patio, le bloc cuisine et l'escalier à volée unique en position centrale, puis le séjour s'ouvrant sur le jardin. A l'étage, le bloc salle de bains sépare de part et d'autre les deux chambres. Le système structurel se compose de 7 modules de poutres en bois lamellé-collé, encastrés au niveau de l'étage dans les murs latéraux qui définissent une trame de 1,27 mètre. Ils permettent de porter le plancher et son parquet flottant, ainsi que les panneaux de façades et de toiture en polycarbonate. Des composants de jonction, large d'une demi-trame, intègrent des ouvrants verticaux qui mettent en relation la maison avec la parcelle voisine et son quartier. **G. D.**

PARIS
MOUSSAFIR

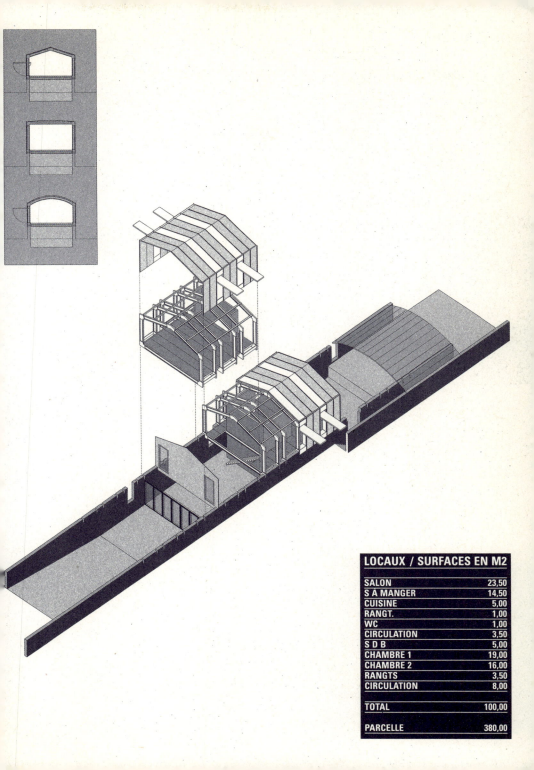

LOCAUX / SURFACES EN M2	
SALON	23,50
S A MANGER	14,50
CUISINE	5,00
RANGT.	1,00
WC	1,00
CIRCULATION	3,50
S D B	5,00
CHAMBRE 1	19,00
CHAMBRE 2	16,00
RANGTS	3,50
CIRCULATION	8,00
TOTAL	100,00
PARCELLE	380,00

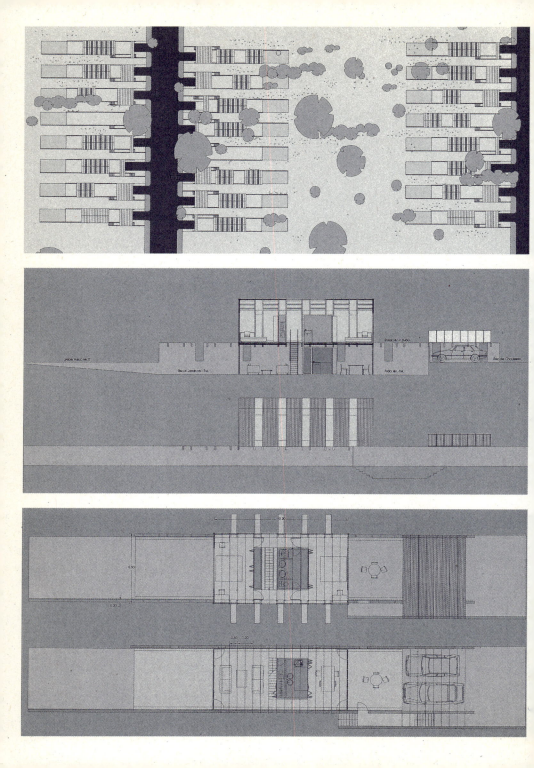

LOT	PRIX FF HT/TTC
PREPARATION TERRAIN	147 080,00
MODULES X 6	41 172,00
JONCTION X 5	14 925,00
FACADE PIGNON	10 160,00
MENUISERIES	37 200,00
CLOISONS	18 960,00
PLOMBERIE	30 000,00
CHAUFFAGE GAZ	30 000,00
COUV. ETANCHEITE	13 360,00
ELECTRICITE	25 000,00
TOTAL TRAVAUX HT	367 857,00
HONO. ARCHI. HT	46 653,00
TOTAL HT	414 510,00
TOTAL TTC	499 900,00

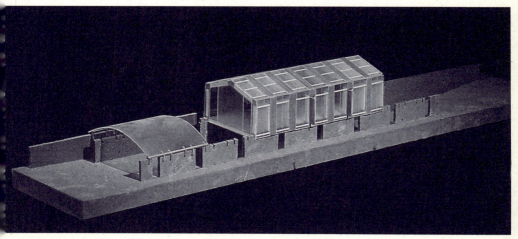

L'écologie, c'est l'économie ! ► Vision pacifique, écologique et solidaire de la ville, au travers d'une urbanisation dite «light». La ville se dissout dans un paysage informel, peu dense, et semble-t-il anarchique. Poussant à fond l'utopie, les architectes se demandent même ce qu'il faut faire de la ville actuelle, la muséographier ou la détruire pour laisser place à l'imagination partout et en tout lieu?

Soit, mais la maison dans tout ça? On apprend seulement qu'elle doit être proche d'autres programmes et en même temps disposer d'assez de terrain pour se perdre dans la nature. Des principes écologiques militants lui sont appliqués : des voies d'accès engazonnées au lieu de l'asphalte, un traitement naturel des ordures, un chauffage électrique pour éviter les conduites de gaz, des téléphones portables pour supprimer les fils. L'écologie, prétendent les architectes, c'est l'économie. **P. J.**

ECOLOGY
=
ECONOMY

LIGHTNESS. Our lands seem to become full. But full of what? The suburban mix of factory-like farms, h

itself into this sea of planned mediocracy. Do we accept this condition as fixed or can we envisage experin

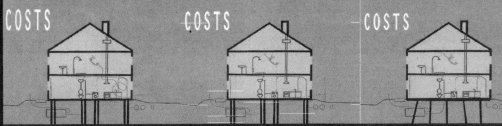

This lighter form of urbanism can be forced by reducing the economical value of expensive parts of our w.

cables for heating, no telecomlines but portable phones, no expensive metrolines but minibusses or b

be afforded. Economy obtains thus a connection with ecology. It delivers the paradoxical feeling tha

gardens, warehouses seem to contain density without matter. Enormous areas of our lands are turning

onments, which can be broken down, so that we can change our urbanistic goals within a certain time?

COSTS

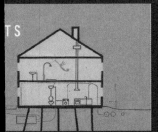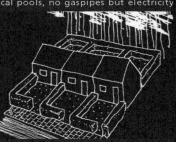

nization: grass roads instead of asphalt, no sewage pipes but ecological pools, no gaspipes but electricity

GARDEN   GREEN

emand. This economy can cause exciting possibilities: within the same existing budget, lower densities can

ARDEN   GREEN

ECOLOGY
=
ECONOMY

al sustainability has been translated into lightness and temporariness.

CAMPINGLAND. In a more and more individualizing society the midle class can extend enormously:

working and living relationships. The town dissolves itself into a 'land' of smaller and bigger plots, whic

are gathered in one big super-camping, where the holiday feeling is included within the day to day

who have not will organize themselves to protect their acquisitions or to fight for it. It leads to towns

groups, the higher the complexity, the intenser the possible need for cohesion. Bordering these villac

ole work in fewer hours. It will consist of relatively many homeworkers, who have many and differentiated

nized by different series of networks. Houses, chalets, fermettes, homes, farms, condominiums and colonie

AGELAND. In a society that can be characterized by the 'struggle of the fittest', those who have and thos

st of more or less fenced communities, 'villages' or 'colonies'. The bigger the differences among the

r relative autor

Maison Ouranos-Gaïa ► Le lotissement est conçu comme un damier, où chaque case mesure 15 mètres de côté. La parcelle proprement dite est composée de deux cases accolées : sur l'une, on trouve la maison avec son garage, qui n'occupe qu'une partie de la case ; sur l'autre, le jardin. Le jeu de quinconce permet de dégager des placettes, l'ensemble étant desservi par

une route périphérique. Le projet – dont l'intitulé demeure un mystère – ne suit pas les règles du jeu préétablies (ni maisons d'architectes, ni « sam' suffit », réflexion sur l'extension) mais propose a contrario un produit fini à forte définition formelle – ce qui peut toujours susciter des coups de foudre. Il joue sur un mimétisme de la voiture pour caréner un bâtiment tout en longueur, aux toitures complexes. L'intérieur s'organise autour d'un bloc central technique préfabriqué et multiplie en guise de décor les effets de texture issus de l'emploi de matériaux « pauvres » : escalier à caillebotis métallique, verrière fixe en polycarbonate, parquet en triply. **F. A.**

LOCAUX / SURFACES EN M2	
ENTREE	5,25
SEJOUR	25,00
CUISINE	9,50
CHAMBRE 1	11,20
CHAMBRE 2	11,20
SDB	3,20
WC	1,50
LOCAL TECH.	1,20
DRESSING	3,40
DEGAGT	1,70
TOTAL	73,15
PARCELLE	400,00

LOT	PRIX FF HT/TTC
TERRASSEMENT	3 260,00
GROS ŒUVRE	35 175,00
CHARPENTE	52 080,00
BARDAGE / VITRAGE	91 770,00
PLATRE / ISOLATION	38 090,00
MENUISERIE INTERIEURE	49 990,00
PLOMBERIE	22 000,00
ELEC. / CHAUFFAGE	25 800,00
PEINTURE	16 970,00
AMENAGEMENT EXT.	34 865,00
TOTAL TRAVAUX HT	370 000,00
HONO. ARCHI. HT	44 510,00
TOTAL HT	414 510,00
TOTAL TTC	499 900,00

Séjour

S.d.B.

Cuisine

Chambre

Chambre

Un castillo de viviendas ► Le lotissement est un enclos fini de 60 x 167 mètres dont le mur d'enceinte est constitué de 16 maisons, desservies par une route de ceinture extérieure. Le cœur de cet ensemble est un parc, mi-verger, mi-espace public, muni d'un petit équipement. Le village n'est pas destiné à se densifier mais à se cloner, en préservant une distance minimale de 500 mètres entre deux entités. Longue de 10 mètres et large de 5,90, chaque maison est construite selon le même modèle, reproduisant un système constructif original : le toit en pente à 45° repose sur une panne sablière en béton portée par quatre poteaux d'angle et dissociée du plancher. Cette solution permet de surélever la toiture et d'installer en partie basse une fenêtre, créant un volume facilement aménageable ultérieurement – le plan proposé ne concerne en effet que le seul rez-de-chaussée. Cette approche constructive permet également de traiter la façade à sa guise, puisque celle-ci n'est pas porteuse. Ici, l'architecte propose une «peau» de rondins et une toiture en chaume. **F. A.**

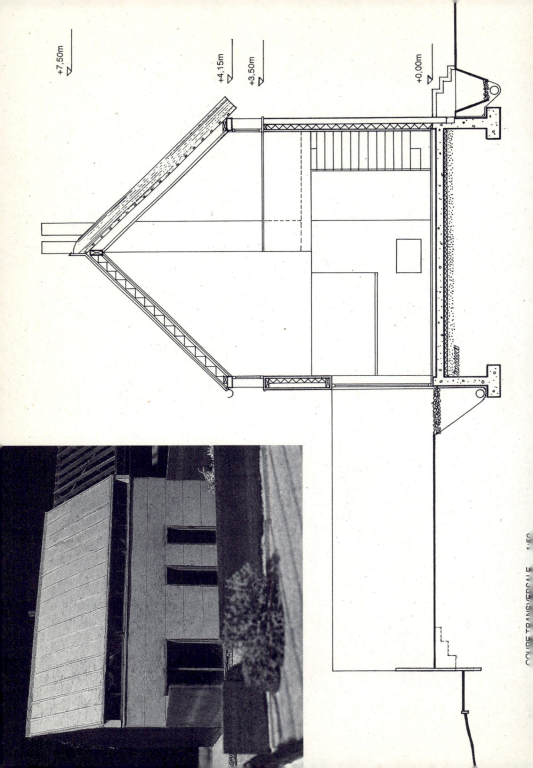

+7,50m

+4,15m

+3,50m

+0,00m

COUPE TRANSVERSALE   1:50

LOCAUX / SURFACES EN M2 LOT — PRIX FF HT/TTC

Local	Surface	Poste	Prix
SEJOUR	21,40	GROS ŒUVRE	83 809,00
DEGAGT	7,20	CHARPENTE	24 377,00
CUISINE	7,40	BARDAGE	39 327,00
CHAMBRE 1	8,20	COUVERTURE	45 940,00
CHAMBRE 2	9,80	MENUIS. EXT. BOIS	36 720,00
SDB	8,90	MENUIS. INT. BOIS	28 186,00
DEGAGT	3,50	PLATRERIE ISOLATION	28 492,00
		ELEC./CHAUFFAGE	27 500,00
TOTAL	82,60	CARRELAGE/SOLS	7 153,00
		PLOMBERIE	27 000,00
		PEINTURE	9 400,00
GARAGE FERME	16,20	MIROITERIE INT.	2 000,00
JARDIN PRIVATIF	60,00	PAYSAGE	13 230,00

TOTAL TRAVAUX HT	373 134,00
HONO. ARCHI. HT	41 459,00
TOTAL HT	414 593,00
TOTAL TTC	500 000,00

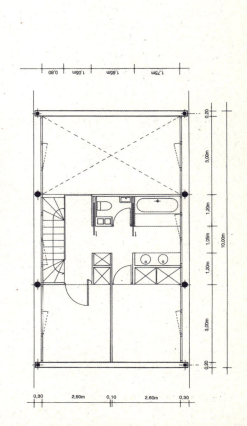

Sweety ▶ Attention, cette maison ne protège ni d'une attaque nucléaire (une menace pour l'instant démodée, mais la vie n'est-elle pas un éternel recommencement?), ni de la guerre bactériologique (remise au goût du jour par la guerre du Golfe), ni de

ROCHE, DSV & SIE

la pollution (très «tendance»), ni de la chaleur et du froid (des classiques de la Menace). En revanche, elle épingle les vulgaires petits rôdeurs qui n'auraient pas pensé à se munir de pinces coupantes comme des papillons de collection : sa toiture et ses façades sont en effet constituées de plaques de polycarbonate doublées d'un nuage de fil de fer barbelé. Les monte-en-l'air pourront alors à loisir contempler le loft de 120 m² en dessous et son occupant qui, gageons-le, sera unique, puisque, comme le disait Sartre, «l'enfer, c'est les autres». **F. A.**

Préambule

Notre société, du temps libre au temps gaspillé, ne peut plus reproduire un modèle de maison individuelle issu des années 60, "du temps du plein emploi", dans un montage de stricte consommation immédiate qui fait table rase de toutes les particularités territoriales et de toute ambition urbaine. Vendu sur catalogue, clé en main, ce produit commercial et industriel qui prolifère, n'est évidemment plus aussi légitime et adapté que ce que nous suggèrent les campagnes d'affichages sur fond de " maison de maçon", et ce qu'elles qu'en soient les versions esthétiques, fussent-elles des années 90 (du Weissenhof reloocké à l'architecteur).
Que nous soyons aujourd'hui à un carrefour où le temps n'est plus donner à priori, en prêt bancaires sur 20 ans, mais à construire en temps réel, n'est pas sans remettre en cause ce système de production.
Que chacun puisse revendiquer un droit à l'édification de son "home", dans une structure familiale incertaine cela parait être un minimum. (Voir contrat n°1)
Que par nature le produit "la maison individuelle" flatte l'individu là où il est le plus fragile : l'individualisme, on ne peut que le constater.(Voir contrat n°2)
Que la multiplication de cet individualisme soit indigeste, c'est visible et prévisible. (Voir contrat n°3)
Cette proposition en est la critique réactive.

"SWEETY", 3 contrats:

1- Un contrat du minimum habitable :
Un toit + Une limite + Un environnement. A charge pour l'acquéreur de terminer l'ouvrage (avec ou sans architecte).

2- Un contrat sécuritaire :
Une architecture-clôture à la fois protégée et ouverte, ou l'image de l'individualisme dans un maillage de fil de fer barbelé.

3- Un contrat d'"urbanité" :
Au delà de la "maison", des lieux de sociabilité et d'échanges par un liant végétal, à l'ombre d'une pinède de Vacoas.

Le Coût :

Terrain à bâtir 140 m2, toiture sur 80 m2

Clôture en fil de fer barbelés (320m2) y compris structure	50 000 FHT
Côte part du sous bois (2000 m2 à 400 F/m2)	80 000 FHT
Toiture en tôle ondulée (80 m2 à 1000 F/m2) y compris structure	80 000 FHT
Honoraires	20 000 FHT
Coût du contrat d'"habitabilité dans un environnement"	230 000 FHT

La Surface :
120 m2 au sol y compris possibilité d'agrandissement

Matériaux :
Fil de fer barbelé, Tôle ondulée, Vacoas.

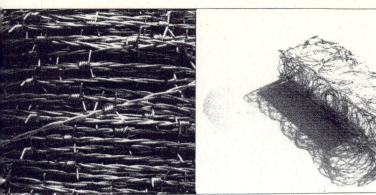

MATIERE - MAQUETTE

SOUS LES VACOAS

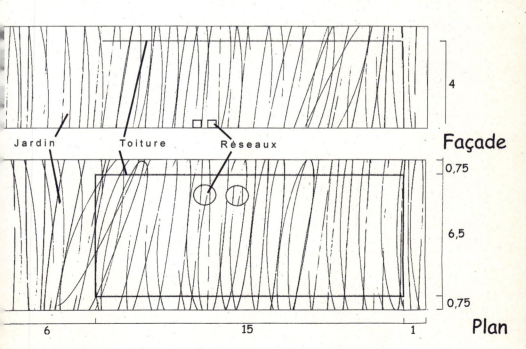

Jardin   Toiture   Réseaux

4

Façade

0,75

6,5

0,75

6   15   1

Plan

La maison-plus ► La réflexion sur la combinaison des volumes, et partant sur les modalités d'extension, est ici dominante. Le projet est constitué de deux modules de base : un bloc garage (2,80 x 5,20 mètres, cotes intérieures) et un bloc habitat (9,20 x 5,25 mètres), ce dernier sur deux niveaux. Leur dissociation est soigneusement calculée pour insérer dans l'entre-deux au rez-de-chaussée une chambre supplémentaire et deux pièces à l'étage. L'ensemble est implanté sur une parcelle très étroite dont il occupe le front de rue – avec un petit jardin devant ceint d'un muret, et une surface de terrain indéfinie à l'arrière. Des combinaisons différentes répondent à des développés de façade différents. Il est aussi possible, une formule à peine évoquée ici, d'enterrer partiellement les garages et de superposer par chevauchement les logements, ce qui permettrait de dégager des balcons. L'unité habitat de base fonctionne sur le même principe modulaire : elle est structurée autour d'un noyau technique central, préfabriqué en bois, concentrant cuisine, rangement, escalier et salle de bains. Celui-ci organise à l'avant une entrée de 4 m² couplée à une salle à manger et à l'arrière un séjour de 20 m², avec deux chambres à l'étage. **F. A.**

BÂLE
SCHMID + STEINMANN

LOCAUX / SURFACES EN M2	
ENTREE	4,00
SEJOUR	20,00
CUISINE	5,15
LOCAL TECHN.	4,50
S A MANGER	8,20
CHAMBRE 1	20,00
CHAMBRE 2	13,60
S D B	5,05
TOTAL	80,50
GARAGE	14,50
PARCELLE	400,00

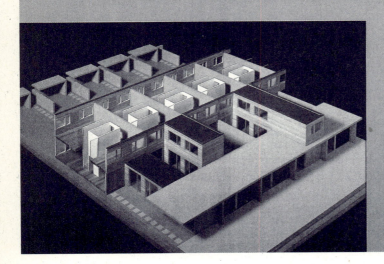

L'étude „à la recherche de la maison modèle" a pour but d'une part de lutter contre le "mitage" (la dégrada-tion du paysage par des constructions nouvelles et non contrôlées) et d'autre part de développer un nouveau type de maison de qualité, une sorte de module, rendant l'habitat individuel également accessible aux bas et moyens revenus. L'étude a également l'intention de participer à la discussion au sujet de nouvelles formes de colonies d'habitations européennes de qualité. Dans ce but, il s'agit de concevoir une „maison modèle" qui corresponde à la surface d'un appartement de trois pièces pouvant en même temps être agrandi à 4, ou 6 pièces. Une unité de trois pièces avec garage et jardin privatif ne devrait pas dépasser le coût de 499'900 FF.

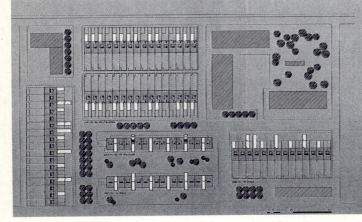

Une maison modulaire doit pouvoir être combinée de plusieurs façons à un ensemble plus grand. En additionant les modules se forment des rangées de différentes longueurs et suivant leur mode de disposi-tion se constituent les rues, les chemins et les places. La configuration des espaces extérieurs et des déplacements est donc issue de la logique du projet même et détermine en plus la forme d'ensemble du lotissement.
Le résultat est un ensemble tramé qui n'est pas lié à un lieu concret et bénéficie d'une densité nettement plus élevée qu'un (traditionnel) lotissement de maisons individuelles. Ainsi on crée un moyen architectural efficace contre le mitage croissant, ainsi qu'une forme d'habitat moderne dans des zones périphériques, tout en restant économique. De surcroît, on dispose des avantages de l'habitat individuel: l'accès personnel de plain pied avec le passage progressif de l'espace public à l'espace semi-public et privé et le jardin. Le grand espace ouvert de la rue forme un contraste avec l'espace privé introverti.

CHIFFRAGE D'UNE MAISON LORS DE LA REALISATION DE TROIS MAISONS	
PRIX	**FF HT/TTC**
PREPARATION	12 200,00
GROS-ŒUVRE	238 221,00
VETURE/TOITURE	47 434,00
AMENAGEMENT INT.	23 600,00
CHAUFFAGE ELEC.	9 000,00
PLOMBERIE	19 600,00
ELECTRICITE	15 000,00
AMENAGT. EXT.	10 000,00
TOTAL TRAVAUX HT	375 055,00
HONO. ARCHI. HT	39 456,00
TOTAL HT	414 510,00
TOTAL TTC	499 900,00

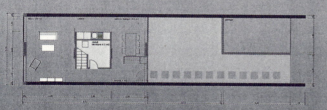

plan du 1er étage

plan du rez-de-chaussée

Le noyau central et les deux murs longitu-
dinaux en béton armé lisse, constituent
ensemble les éléments définissant l'espace.
A cette bordure dure s'oppose le caractère
doux des refends en bois. Comme le sol et
le plafond, ils sont en éléments à corps
creux en bois (Lignatur).

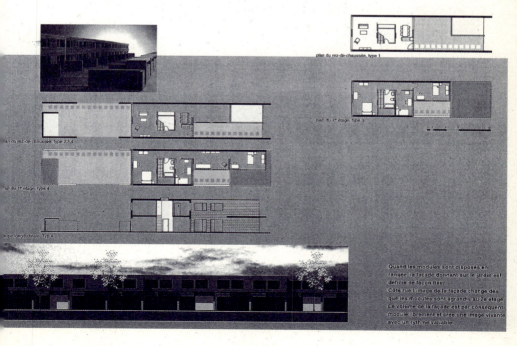

plan du rez-de-chaussée, type 1

plan du 1er étage, type 3

plan du rez-de-chaussée, type 2,3,4

plan du 1er étage, type 4

coupe longitudinale, Typ 4

Quand les modules sont disposés en
rangée, la façade donnant sur le jardin est
definie de façon fixe.
Côte rue l'image de la façade change dès
que les modules sont agrandis au 2e étage.
Le volume de la façade est par conséquent
module librement et crée une image vivante
avec un rythme variable.

Maisons murs ► D'abord, la volonté de créer un site, de fonder un territoire, de fabriquer quelque chose qui ressemble à de l'urbain. Et donc commencer par organiser une occupation du sol, définir des emprises, assembler ce puzzle qui devra faire qu'une communauté de vie puisse se développer. Trois types de surface se juxtaposent : les terrasses en dalles de béton préfabriquées qui localisent l'implantation de la maison, la voirie en enrobé de couleur qui irrigue sans hiérarchie les parcelles, les jardins, potagers et vergers qui assurent une continuité de séquences visuelles. Et pour structurer le tout, un réseau de murs en parpaings qui définissent une ligne horizontale à 2,50 mètres du sol. Pour épais qu'ils soient – 60 centimètres – ces murs n'en sont pas moins intelligents et changent de fonctions dans leur parcours, limites séparatives de parcelle, murs de rez-de-chaussée, protection de l'intimité, mais peuvent aussi intégrer dans leur épaisseur des rangements de jardin, un barbecue, ou dans la maison, les éléments de cuisine. Enfin ils portent un grill de poutrelles métalliques à partir duquel peuvent se construire la maison et ses extensions : au sol les pièces de vie et le garage, à l'étage, la boîte des chambres en ossature légère et bardage métallique. **G. D.**

PARIS
SOUQUET + DEFRAIN
avec **VERGELY**

LOCAUX / SURFACES EN M2	
ENTRÉE	5,50
SEJOUR/CUISINE	21,00
SANIT.	3,50
PALIER	4,00
SANIT. R +1	4,00
CHAMBRE 1	10,00
CHAMBRE 2	10,00
TOTAL	58,00
GARAGE	10,00
PARCELLE	400,00

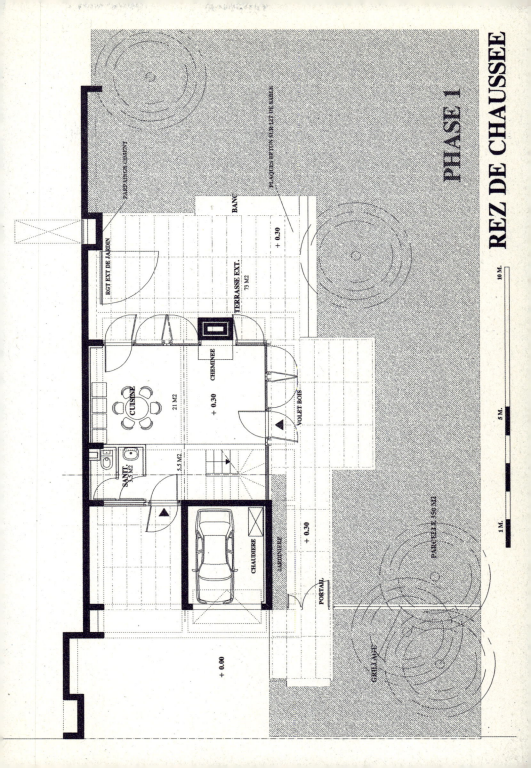

PHASE 1

REZ DE CHAUSSEE

1 M.   5 M.   10 M.

PARCELLE 350 M2

GRILLAGE

PORTAIL

PARBLOCS CIMENT

RGT EXT DE JARDIN

PLAQUES BETON SUR LIT DE SABLE

BANC

+ 0.30

TERRASSE EXT.
73 M2

CHEMINEE

CUISINE

21 M2

+ 0.30

VOLET BOIS

SANIT.
5.5 M2

5.5 M2

JARDINIEZ

+ 0.30

CHAUDIERE

+ 0.00

LOT	PRIX FF HT/TTC
AMENAGEMENT EXT.	19 028,00
STRUCTURE BETON	66 620,00
STRUCTURE METAL	73 656,00
ENVELOPPE METAL	27 800,00
SERRURERIE	20 900,00
ENSEMBLE MENUIS. PVC	6 500,00
FACADE BOIS	45 250,00
MENUISERIE INT.	9 365,00
FINITION INT.	33 675,00
PLOMBERIE	18 000,00
CHAUFFAGE GAZ	40 000,00
ELECTRICITE	15 000,00
TOTAL TRAVAUX HT	375 794,00
HONO. ARCHI. HT	45 704,00
TOTAL HT	421 498,00
TOTAL TTC	508 326,00

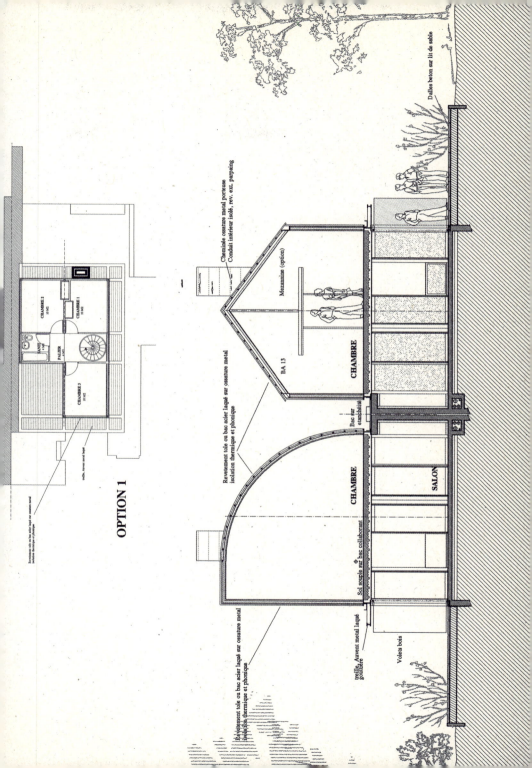

OPTION 1

CHAMBRE 2
10 M2

CHAMBRE 1
10 M2

SANIT
4 M2

PALIER
5 M2

CHAMBRE 3
10 M2

Revetement tôle ou bac acier laqué sur ossature metal
isolation thermique et phonique

treille, auvent metal laqué

Cheminée ossature metal porteuse
Conduit intérieur isolé, rev. ext. parpaing

Mezzanine (option)

Revetement tole ou bac acier laqué sur ossature metal
isolation thermique et phonique

BA 13

CHAMBRE

Bac sur
etancheité

CHAMBRE

SALON

Sol souple sur bac collaborant

Revêtement tole ou bac acier laqué sur ossature metal
isolation thermique et phonique

treille Auvent metal laqué
gouttière

Volets bois

Dalles beton sur lit de sable

La maison de jardin ► Cette maison se cale en lisière de la route de desserte et installe une sorte «d'espace-tampon» pour se protéger des nuisances de la rue et préserver l'intimité des habitants : une haie borde le trottoir, l'entrée est en chicane, le sol de

l'intérieur est légèrement plus haut que celui de la rue, ce qui permet aux fenêtres d'échapper au regard des passants. En outre, les fonctions mises en place le long de cette façade sont toutes «secondaires» («servantes» en jargon professionnel) : placards, salle de bains, cuisine. Ceci posé, l'espace intérieur est fluide et sans perte de place car toutes les pièces communiquent en enfilade, avec une circulation le long des façades. Cette organisation permet de proposer sur 87 m² de surface utile, en plus de deux chambres de taille très différente et d'un coin repas clairement identifié, une pièce sans affectation prédéfinie : l'antichambre. La maison peut s'agrandir par greffe ponctuelle : une boîte collée à la façade, une autre au-dessus de l'abri voiture, ou encore une troisième isolée au fond du jardin. Enfin, elle propose une ambiance spécifique qui rappelle le modernisme vu par Jacques Tati, avec sa couverture courbe en acier et ses cloisons de brique ou de polycarbonate. F. A.

LOCAUX / SURFACES EN M2

ENTRÉE	2,30
SÉJOUR	24,80
CUISINE / REPAS	16,40
ANTICHAMBRE	10,80
CHAMBRE 1	9,70
CHAMBRE 2	16,50
S D B	3,90
SANIT.	2,30
TOTAL	87,00
ABRI VOITURE	21,30
TERRASSE	17,90
PARCELLE	400,00

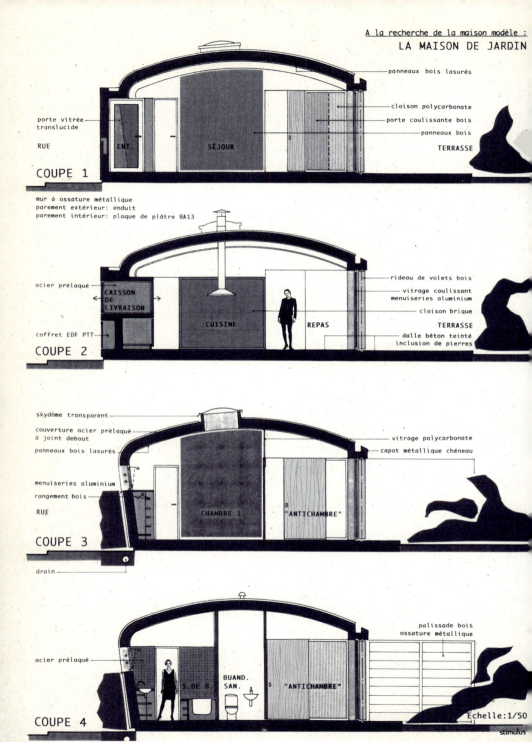

A la recherche de la maison modèle :
LA MAISON DE JARDIN

panneaux bois lasurés

cloison polycarbonate

porte coulissante bois

panneaux bois

porte vitrée
translucide

RUE   ENT.   SÉJOUR   TERRASSE

COUPE 1

mur à ossature métallique
parement extérieur: enduit
parement intérieur: plaque de plâtre BA13

acier prélaqué

CAISSON DE LIVRAISON

coffret EDF PTT

CUISINE   REPAS

rideau de volets bois
vitrage coulissant
menuiseries aluminium
cloison brique
TERRASSE
dalle béton teinté
inclusion de pierres

COUPE 2

skydôme transparent

couverture acier prélaqué
à joint debout

panneaux bois lasurés

vitrage polycarbonate

capot métallique chéneau

menuiseries aluminium

rangement bois

RUE

CHAMBRE 1   "ANTICHAMBRE"

COUPE 3

drain

acier prélaqué

S. DE B.   BUAND.   SAN.   "ANTICHAMBRE"

palissade bois
ossature métallique

Echelle:1/50

COUPE 4

stimulus

PLAN DU REZ DE JARDIN

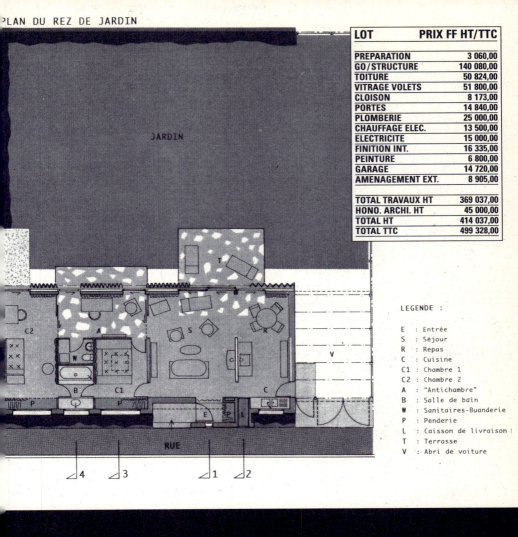

LOT	PRIX FF HT/TTC
PREPARATION	3 060,00
GO/STRUCTURE	140 080,00
TOITURE	50 824,00
VITRAGE VOLETS	51 800,00
CLOISON	8 173,00
PORTES	14 840,00
PLOMBERIE	25 000,00
CHAUFFAGE ELEC.	13 500,00
ELECTRICITE	15 000,00
FINITION INT.	16 335,00
PEINTURE	6 800,00
GARAGE	14 720,00
AMENAGEMENT EXT.	8 905,00
TOTAL TRAVAUX HT	369 037,00
HONO. ARCHI. HT	45 000,00
TOTAL HT	414 037,00
TOTAL TTC	499 328,00

JARDIN

RUE

LEGENDE :

E   : Entrée
S   : Séjour
R   : Repas
C   : Cuisine
C1 : Chambre 1
C2 : Chambre 2
A   : "Antichambre"
B   : Salle de bain
W   : Sanitaires-Buanderie
P   : Penderie
L   : Caisson de livraison
T   : Terrasse
V   : Abri de voiture

Open space ► Une volonté de définir le moins possible l'espace de vie : s'en tenir aux permanences récurrentes en laissant au cadre bâti toute possibilité d'évolution et à l'habitant toute liberté d'inventer son environnement quotidien.

HELSINKI
VIIVA ARKKITEHTUURI OY : LEHTINEN + MAKI + PELTOLA

L'espace dont il dispose est un rectangle délimité par deux murs porteurs, la toiture, le sol, et au centre un noyau fixe à l'intérieur duquel se répartissent la cuisine, la salle de bains, les toilettes et gaines techniques. Autour, l'espace est aménageable au gré du client. Cloisons légères, placards et portes coulissantes offrent plusieurs partitions possibles. Ce jeu entre fixité et flexibilité doit permettre à la maison de répondre à tous les besoins et de suivre les évolutions de la vie. Au dépouillement du langage architectural répond le choix limité des matériaux : ossature en bois lamellé-collé, revêtement en contre-plaqué de bouleau, toiture en tôle d'acier galvanisé pliée, façade côté entrée en vitrage sablé, façade côté jardin en verre translucide, précédée par une terrasse surélevée en bois. **G. D.**

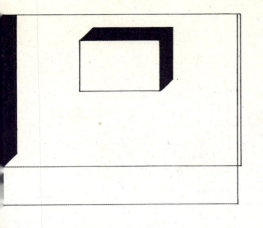

LOT	PRIX FF HT/TTC
FONDATION	9 890,00
TERRASSE	8 990,00
OSSATURE BOIS	27 095,00
OSS. SECOND. BOIS	129 315,00
VITRAGE	110 000,00
PORTES	15 900,00
CUISINE	23 000,00
ELEC./PLOMBERIE	20 000,00
GARAGE	15 750,00
CLOTURE	4 820,00
AMENAGEMENT EXT.	5 220,00
TOTAL TRAVAUX HT	369 980,00
HONO. ARCHI. HT	44 530,00
TOTAL HT	414 510,00
TOTAL TTC	499 900,00

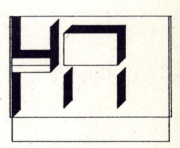

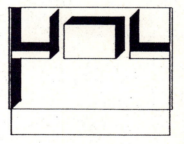

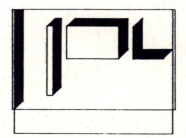

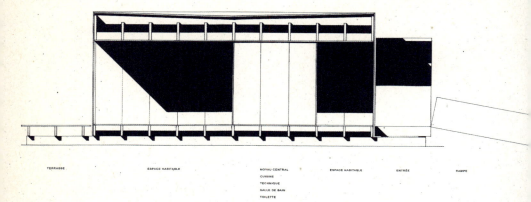

TERRASSE   ESPACE HABITABLE   NOYAU CENTRAL   ESPACE HABITABLE   ENTRÉE   RAMPE
                                            CUISINE
                                            TECHNIQUE
                                            SALLE DE BAIN
                                            TOILETTE

COUPE 1.50

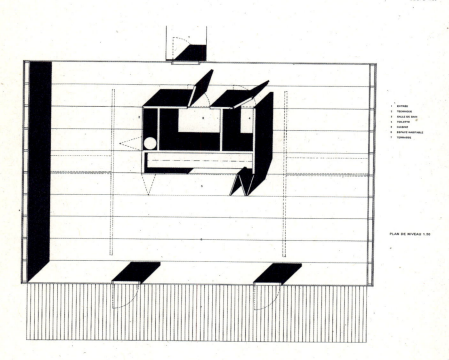

1   ENTRÉE
2   TECHNIQUE
3   SALLE DE BAIN
4   TOILETTE
5   CUISINE
6   ESPACE HABITABLE
7   TERRASSE

PLAN DE NIVEAU 1.50

Maison portes ouvertes ► Aujourd'hui, l'allongement de la durée de vie des grands-parents et les débuts professionnels de plus en plus tardifs des enfants conduisent trois générations d'adultes à vivre sous un même toit. Chacun ayant son mode de vie et ses aspirations particulières, cette évolution n'est pas sans poser de problèmes… Les espaces intérieurs de cette maison s'attachent à organiser une cohabitation heureuse qui garantisse à chacun une marge d'autonomie dans la vie familiale : ils sont constitués à partir de 5 bandes successives, larges de 3 mètres, qui correspondent à des chambres, au bloc cuisine-salle de bains ou, en doublé, au séjour. Chaque pièce possède son ouverture propre sur la cour (attenante à la rue) et sur le jardin, situé à l'arrière. Elles sont aussi en relation les unes avec les autres de manière classique, transversalement. Cette habitation possède aussi d'autres caractéristiques : les chambres peuvent être redivisées par un placard toute hauteur, elle est construite en bois et comporte un garage avec cellier. Quant à la question de l'extension, elle est ici directement ramenée à celle du coût de construction : l'espace dessiné correspond à un cinq-pièces, les architectes proposant aux futurs occupants de prendre en charge une part de finition du second œuvre. **F. A.**

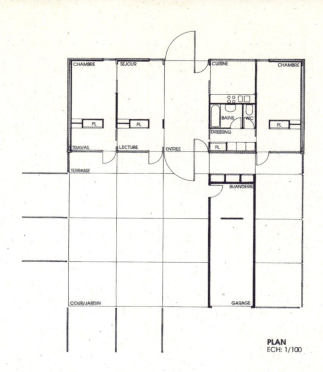

PLAN
ECH: 1/100

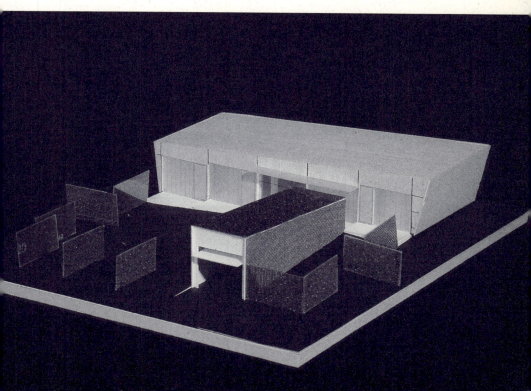

LOCAUX / SURFACES EN M2

LOCAUX	SURFACES EN M2
ENTREE	5,25
SEJOUR	24,00
CUISINE	8,10
LECTURE	5,25
TRAVAIL	5,25
CHAMBRE 1	12,00
SANIT./DRESSING	8,70
CHAMBRE 2	16,50
TOTAL	85,05
GARAGE	23,00
PARCELLE	400,00

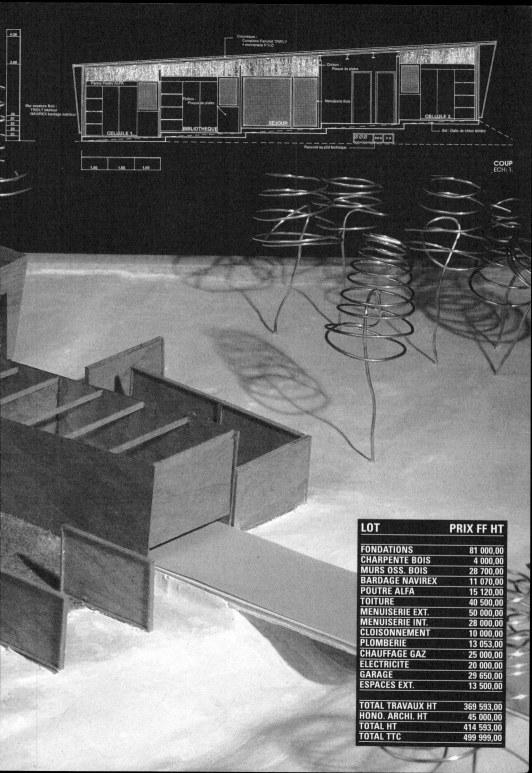

Couverture :
Complexe Panotoit TRIPLY
+ membrane P.V.C

Cloison :
Plaque de platre

Panne Poutre ALFA

Finition :
Plaque de platre

Menuiserie Bois

Mur ossature Bois :
TRIPLY intérieur
NAVIREX bardage extérieur

CELLULE 1.

BIBLIOTHEQUE

SEJOUR

CELLULE 2.

Sol : Dalle de béton teintée

Raccord au plot technique

COUP
ECH: 1,

LOT	PRIX FF HT
FONDATIONS	81 000,00
CHARPENTE BOIS	4 000,00
MURS OSS. BOIS	28 700,00
BARDAGE NAVIREX	11 070,00
POUTRE ALFA	15 120,00
TOITURE	40 500,00
MENUISERIE EXT.	50 000,00
MENUISERIE INT.	28 000,00
CLOISONNEMENT	10 000,00
PLOMBERIE	13 053,00
CHAUFFAGE GAZ	25 000,00
ELECTRICITE	20 000,00
GARAGE	29 650,00
ESPACES EXT.	13 500,00
TOTAL TRAVAUX HT	369 593,00
HONO. ARCHI. HT	45 000,00
TOTAL HT	414 593,00
TOTAL TTC	499 999,00

Des estimations

TABLEAU ESTIMATIF POUR LA REALISATION D'UNE MAISON DE 120 M² AVEC LE PROCEDE STYLTECH DANS LE CADRE DE LA CONSULTATION MAISON MODELE.

préparation du terrain		22 m3		5 000 fr
dalle de fondation	dalle de fondation traditionnelle	72+15 m²	200 fr/m²	17 400 fr
structure	ossature comprenant : -profilés pour murs & fermettes -accessoires de structure -bac mur Nergal 10/12/1000 -chevilles d'encrage -feutre bitumineux -joint LRC -Vis Perfix +main d'oeuvre pour montage de la structure 100 heures à 200 fr ht.		forfait	74 700 fr
peau	parement en bac de couverture posés sur pannes	228 m²	forfait	35 000 fr
cloisonnement	cloisonnement de l'intérieur y compris doublage en plaques de plâtre type Placostyl, hydrofuge dans pièces humides	220 m²	120 fr/m²	26 400 fr
electricité-chauffage	installation électrique de l'ensemble + chauffage par convecteurs (7 unités)		forfait	35 000 fr
plomberie sanitaire	appareils sanitaires (1 baignoire, 1 lavabo, 1 cuvette de W-C, 1 évier) chauffe eau électrique 100 l. canalisations et évacuations		forfait	25 000 fr
menuiserie	parties vitrées (menuiserie bois) fixes et ouvrants	70 m²	1400fr/m²	98 000 fr
	portes de communication	5	600 fr	3 000 fr
	porte d'entrée	1		3 000 fr
	escalier	1		6 000 fr
plancher	parquet en plaque de tripla	120 m²	200 fr/m²	24 000 fr
aménagement paysagé	engazonnement	450 m²	10 fr/m²	4 500 fr
	plantation d'essences diverses			4 000 fr
clôture	clôture grillagée à maille serrée	90 ml	100 fr/m²	9 000 fr

Tranches napolitaines

G E C
ingénierie
25, Impasse Maillol
78160 MARLY-LE-ROI
01 39 16 21 45

TOTAL HT	370 00 fr
TVA 20.6 %	76 220 fr
TOTAL TTC	446 220 fr
honoraire architecte TTC	53 680 fr
TOTAL DE L'OPERATION TTC	499 900 fr

La maquette présente le volume avec les prestations décrites ci-dessus à l'exéption des volets, de la pergola et de la baignoire qui font parties des nombreuses options proposées dans un catalogue à définir (cf. texte de présentation).

A LA RECHERCHE DE LA MAISON MODELE
BRS ARCHITECTES, GENEVE
Chiffrage du projet

N°	Description	dimensions	Total		Prix/unité	Total
1	**Excavation**					
1,1	Décapage terre végétale	6,5x25x0,3	48,7	m3	55,00 F	2 678,50 F
1,2	Fouille en tranchée mur béton n° 1	20x0,8x0,8	12,8	m3	140,00 F	1 792,00 F
1,3	Fouille ponctuelles mur béton n° 2	(0,6x0,6x0,8)x6=1,75m3	1,75	m3	140,00 F	245,00 F
1,4	Emprise parking	12x5,5x0,9	59,4	m3	140,00 F	8 316,00 F
	Total					13 031,50 F
2	**Fondation et structure béton**					
2,1	Semelle béton mur n° 1	20x0,4x0,2=1,6m3	1,6	m3	850,00 F	1 360,00 F
2,2	Semelle béton mur n° 2	16x0,4x0,2=1,28m3	1,28	m3	850,00 F	1 088,00 F
2,3	Aciers	(1,28+1,6)x40kg/m3	170	kg	11,00 F	1 870,00 F
2,4	Mur béton n°1	16x4,0x0,15	9,6	m3	850,00 F	8 160,00 F
2,5	Longrine de liaison	9,6x0,2x0,3=0,57	0,57	m3	850,00 F	484,50 F
2,6	Mur béton n° 3	3,2x0,6x0,15=0,4m3	0,4	m3	850,00 F	340,00 F
2,7	Coffrage	134m2	134	m2	100,00 F	13 400,00 F
2,8	Aciers	(9,6+0,57+0,4)x10,8x40kg/m3	423	kg	11,00 F	4 653,00 F
2,9	Dallage (béton+polyane+compactage)	5,5x7,5=41,25	41,2	m3	200,00 F	8 240,00 F
2,10	Escalier BA	travail + matériel =estimé à	/		2 500,00 F	2 500,00 F
	Total					42 095,50 F
3	**Structure bois**					
3,1	Plancher bois niv. +1,20	5,5x7,0=38,5m2	38,5	m2	450,00 F	17 325,00 F
3,2	Plancher toiture niv. +3,85	5,5x16-(3,2x2,7)=80m2	80	m2	630,00 F	50 400,00 F
3,3	Structure bois vertic poteau sur mur n° 2	0,018x34,5ml=0,621m3 >0,7	0,7	m3	4 000,00 F	2 800,00 F
	Total					70 525,00 F
4	**Façades**					
4,1	Façade longitudinale pleine en bois	2,85x6,4x2=35m2	35	m2	500,00 F	17 500,00 F
4,2	Façade longitudinale bardage translucide	6,4x1,0=6,4m2	6,4	m2	300,00 F	1 920,00 F
4,3	Façade pignon verre (sejour)	4,4x2,1=9,24	9,24	m2	1 400,00 F	12 936,00 F
4,4	Façade pignon verre (chambre)	2,2x2,0=4,4m2	4,4	m2	850,00 F	3 740,00 F
4,5	Façade pignon bois (sejour)	1,65x5,4=8,9	8,9	m2	500,00 F	4 450,00 F
4,6	Façade pignon bois (chambre)	5,5x2.85-(4,4m2)=11,2	11,2	m2	500,00 F	5 600,00 F
4,7	Façade patio verre	5x(2,5+3,5)=30	30	m2	1 400,00 F	42 000,00 F
4,8	Façade patio translucide	3,2x3,0=9,6	9,6	m2	300,00 F	2 680,00 F
4,9	Façade bardage (séjour+entrée)	1,0x3,5=3,5m2	3,5	m2	250,00 F	875,00 F
4,10	Ecran bois devant patio	3,2x2,85=9,1	9,1	m2	400,00 F	3 640,00 F
4,11	Decoupe toiture verrière translucide	2,8m2+3,5m2=6,3m2	10	m2	1 400,00 F	14 000,00 F
	Total					109 541,00 F
5	**Cloisons plâtre**					
5,1	Cloison plâtre 1 face sur mur béton+isol	2,8x16=44,8	44,8	m2	140,00 F	6 272,00 F
	Total					6 272,00 F
6	**Menuiserie bois**					
6,1	Porte d'entrée principale	en bloc	1	pce	3 500,00 F	3 500,00 F
6,2	Cloison panneau bois fixe	9x1,3=11,7	11,7	m2	150,00 F	1 755,00 F
6,3	Panneau bois coulissant 27mm	16x2,2=35,5	35,5	m2	250,00 F	8 875,00 F
6,4	Face clois bois wc	2,5x2,1=5,25	5,25	m2	200,00 F	1 050,00 F
6,5	Portes intérieures	70/210	3	pce	1 100,00 F	3 300,00 F
6,6	Escalier 1/2 volée	en bloc	1	pce	2 500,00 F	2 500,00 F
	Total					20 980,00 F
7	**Revêtement de sol**					
7,1	Panneau bois dur + joints silicone noir	6,4x4,8+6,4x5,5=	70	m2	200,00 F	14 000,00 F
	Total					14 000,00 F
8	**Sanitaire**					
8,1	Appareils bains+wc	par éléments	4	pce	5 000,00 F	20 000,00 F
	Total					20 000,00 F
9	**Cuisine**					
9,1	Evier+égouttoir		1	pce	5 000,00 F	5 000,00 F
9,2	Plateau horizontal de travail	estimé	1	unit	500,00 F	500,00 F
	Total					5 500,00 F
10	**Chauffage**					
10,1	Systeme de chauff central au gaz	en bloc	1	unit	30 000,00 F	30 000,00 F
						30 000,00 F
11	**Electricité**					
11,1	Installation electrique générale+téléphone	en bloc	1	unit	20 000,00 F	20 000,00 F
	Total					20 000,00 F
12	**Peinture**					
12,1		16x3,5=56	56	m2	40,00 F	2 240,00 F
	Total					2 240,00 F
13	**Aménagement extérieurs**					
13,1	Patio	3x2,6=7,8m2	7,8	m2	300,00 F	2 340,00 F
13,2	Haie	10ml	10	ml	100,00 F	1 000,00 F
13,3	Surface gazon	120m2	120	m2	9,00 F	1 080,00 F
13,4	Surface minérale gravier compacté	60m2	60	m2	80,00 F	4 800,00 F
	Total					9 220,00 F
14	**Clôture**					
14,1	Portail d'entrée	selon descriptif	1	unit	4 000,00 F	4 000,00 F
	Total					4 000,00 F

Maison en bande

G E C
ingénierie
25, Impasse Maillol
78160 MARLY-LE-ROI
01 39 16 21 45

COUT DE CONSTRUCTION	367 405,00 F
HONORAIRES ARCHITECTES	45 000,00 F
TOTAL 1	412 405,00 F
TVA 20,6%	84 955,43 F
TOTAL GENERAL	**497 360,43 F**

1 - GROS-OEUVRE - MACONERIE

1.1 - Fondations

- Dalle de sol rez de chaussée (èpesseure 12cm)	101 m2		= 10300 F
- Fondation pour le mur perimetrale (0,20 x 60 x 63,8 ml)=	7656 m3	x 850 F/m3	= 6500 F

1.2 - Murs

- Murs porteurs en bloc de béton isol. intégr. *Fibralith*	113 m2	x 370 F/m2	=41810 F
- Murs porteurs en parpaing non isolée	78 m2	x 250F/m2	=19500 F
- Plaques en polycarb. alvéolaire type *Polyù* (cousine, wc)	24 m2	x 210 F/m2	=5040 F

1.3 - Revêtements exterieurs

- Peinture bitumineuse	196 m2	x 80 F/m2	= 15680 F
		TOT	= 98830 F

2 - TOITURE

- Poutres IPE 300 (8,20 ml)	n°6	49,2 ml	= 24600 F
- Panneaux autoportants bac acier isolation intégree	85 m2	x 300 F/m2	= 25500 F
- Bac acier (garage)	41 m2	x 200 F/m2	= 8200 F
- Plaques en polycarb. alvéolaire type *Polyù*	15 m2	x 210 F/m2	= 3150 F
		TOT	= 61450 F

3 - PLATRERIE

3.1 - Cloisons

-Cloisons placoppan epaisseure 7 cm	124 m2	x 110 F/mq	= 13640 F

3.2 - Faux-plafonds

-Plaques de platre type BA13	85 m2	x 80 F/m2	= 6800 F
-Plaques de platre (garage)	41 m2	.x 100 F/m2	= 4100 F

3.3 - Abillages

- Revêtement des murs porteurs internes en platre	173 m2	x 60 F/m2	= 10400 F
		TOT	= 34940 F

4 - FACADE VITREE

4.1 - Portes-fenetres

Portes coulissantes en PVC (Dim. 1.00 x 2.70)	n° 12	32,4 m2	x 1200 F/m2	= 38880 F
Portes coulissantes en PVC (Dim. 0,8 x 2.70)	n° 2	4,32 m2	x 1200 F/m2	= 5180 F
Fenetre fixes en PVC (Dim. 1.10 x 2.70)	n° 2	5,94 m2	x 1000 F/m2	= 5940 F
			TOT	= 50000 F

5 - SOL

Chape teintée	100 m2	x 60 F/mq	TOT	= 6000 F

6 - PEINTURE

- Acrylique double couche :

Nu

- murs	89 m2	x 40 F/m2	= 3560 F
- plafonds	85 m2	x 40 F/m2	= 3400 F
- Idrofuge + laque	44 m2	x 60 F/m2	= 2640 F
		TOT	= 9600 F

7 - ELECTRICITE

- Reseaux electrique encastré dans le sol	TOT	= 18000 F

8 - PLOMBERIE

- Reseaux idraulique encastré dan le sol pour la realisation de
2 salles de bain et une cuisine
-Sanitaires :

- evier inox 90 x 45		n° 1	
- lavabo en ceramique blanc		n° 2	
- baignoire en ceramique blanc 180 x 70		n° 1	
- bac à douche encastré dans le sol 80 x 80		n° 1	
- WC en ceramique blanc avec chasse d'eau encastré	n° 1		
- Raccordement gas pour une cuisiniere			
- Raccordement des reseaux idraulique et gas à 1 m de la facade			
		TOT	= 30000 F

9 - CHAUFFAGE

- Chauffage par le sol	78 m2	x 350 F/m2	
		TOT	= 27300 F

10 - MENUISERIE - SERRURERIE

10.1 - Portes

- Portes coullissantes en bois avec rails incastrés dans les murs , type *SCRIGNO*

(Dim. 0.80 x 2.70)	n° 4	x 900 F	= 3600 F
(Dim. 0.60 x 2.70)	n° 2	x 800 F	= 1600 F

10.2 - Porte garage

- Porte basculante metallique avec porte d'entrèe integrèe.(Dim. 7,80 x 2.70)	= 7000 F

10.3 - Cloisons mobiles

Cloisons mobiles (2.00 x 2.70) composées d'une structure metallique, une couche d'isolant
acustique et une finition exterieure en BA13 peint. A prevoir rails encastrés dans le sol
et le plafond et meccanisme pour deplacement lineare et à 90°.

	n° 42	1,60 m2 x 350 F/m2	= 7560 F
		TOT	= 19760 F

11 - JARDIN

- Trachycarpus Fortunei (palmier de Chine)	n° 1	x1000	= 1000 F
- Arbres a fruites (pêcher, cerisier, pommier)	n° 6	x 500 F	= 3000 F
- Pelouse	39 m2	x 9 F/m2	= 300 F
- Gravier blanc	16 m2	x 25 F/m2	= 400 f
- Dalle garage (epaisseure 12 cm)	41 m2	x 200 F/m2	= 8200 F
-Parcours exterieurs (epaisseure 6 cm)	12 m2	x 100 F/m2	= 1200 F
		TOT	= 14100 F

G E C ingénierie
25, Impasse Maillol
78160 MARLY-LE-ROI
01 39 16 21 45

TOTAL TRAVAUX	= 370000 F

"A LA RECHERCHE DE LA MAISON MODELE" Mar-97

architectes : J. Galiano - Ph. Simon - X. Ténot

ESTIMATIF MONTANT TRAVAUX : 376 870,00 FHT

	DESIGNATION	U	Q	PU h.t.	S/Total	TOTAL h.t.
TERRASSEMENT	Excavation, remblais	m3	405,00	140,00	56 700,00	
	Vente de la terre	m3	400,00	50,00	-20 000,00	36 700,00
GROS-ŒUVRE	Fondation	m3	8,30	850,00	7 055,00	
INFRASTRUCTURE	Voiles périmétriques	m3	18,30	850,00	15 555,00	
	regard	u	2,00	1 500,00	3 000,00	
	Drainage	ens	1,00	15 000,00	15 000,00	40 610,00
SUPERSTRUCTURE	Mur façade sur patio, garage, escalier	m3	24,50	850,00	20 825,00	
	Dalle sous terrasse et sur escalier	m3	16,40	850,00	13 940,00	
	Dalle sur garage	m2	20,00	200,00	4 000,00	
	Plancher	m2	80,00	200,00	16 000,00	
	Acrotère	m3	1,50	850,00	1 275,00	
	Escaliers intérieur et extérieur	m3	1,40	850,00	1 190,00	57 230,00
TRAITEMENTS	Enduit façade, mur patio	m2	105,00	100,00	10 500,00	
DE FACADES	Enduit mur escalier, mur garage	m2	45,00	100,00	4 500,00	15 000,00
ETANCHEITE	Dalles sur plots	m2	71,00	500,00	35 500,00	
	Etanchéité	m2	71,00	110,00	7 810,00	43 310,00
MENUISERIES	Fenêtres	m2	12,50	1 400,00	17 500,00	
EXTERIEURES	Fenêtre fixe sur escalier	m2	2,00	1 400,00	2 800,00	
	Portes d'entrée	U	1,00	3 500,00	3 500,00	
	Porte de 90 garage	U	1,00	1 500,00	1 500,00	
	Porte bois sur cloture	U	1,00	1 200,00	1 200,00	
	Porte garage	U	1,00	2 500,00	2 500,00	29 000,00
MENUISERIES	Porte simple 80	U	6,00	1 200,00	7 200,00	
INTERIEURES	Trappe de visite	U	2,00	500,00	1 000,00	
	Plinthe	ml	45,00	30,00	1 350,00	9 550,00
CLOISONS	Cloison	m2	80,00	140,00	11 200,00	
DOUBLAGE	Faux plafond cage escalier	m2	7,00	180,00	1 260,00	
	Contre cloisons doublages façade	m2	25,00	140,00	3 500,00	15 960,00
PLOMBERIE	Branchement d'eau	ens	1,00	pm	pm	
	Réseau d'eau en sous sol	U	1,00	pm	pm	
	Distribution intérieur	U	1,00	pm	pm	
	Equipement	ens	1,00	pm	pm	
	Ballon d'eau chaude 150l	U	1,00	pm	pm	
	Robinets arrosage, garage	U	1,00	pm	pm	25 000,00
ELECTRICITE	Equipement intérieur	U	1,00	pm	pm	
	Equipement extérieur	U	1,00	pm	pm	26 500,00
CHAUFFAGE ELECTRIQUE						
	Equipement	U	1,00	9 000,00	9 000,00	9 000,00
VENTILLATION						
	Equipement	U	1,00	2 000,00	2 000,00	2 000,00
PEINTURE	Vernis sur sol béton	m2	70,00	60,00	4 200,00	
	Murs , cloisons	m2	200,00	40,00	8 000,00	
	Plafonds	m2	85,00	40,00	3 400,00	
	Garage	m2	46,00	35,00	1 610,00	17 210,00
CARRELAGE-FAÏENCE	Carrelege,WC, cuisine, SDB	m2	18,00	200,00	3 600,00	
	Faïence logements	m2	10,00	200,00	2 000,00	5 600,00
SERRURERIE	G.C. escalier extérieur et intérieur	ml	5,50	400,00	2 200,00	
	G.C. extérieur 4 lisse	ml	15,00	1 100,00	16 500,00	
	G.C. extérieur 1 lisse	ml	24,00	350,00	8 400,00	27 100,00
AMENAGEMENTS EXTER.	Murets cloture de 40cm de h.	m2	10,00	500,00	5 000,00	
ESPACES VERT	Murets cloture de 100 cm de h.	m2	4,00	500,00	2 000,00	
	Graves cimentées	m2	71,00	100,00	7 100,00	
	Surfaces engazonnées + plantations	ens	1,00	1,00	3 000,00	17 100,00
					TOTAL H.T.	376 870,00
					TOTAL TVA	76 286,95
					TOTAL TTC	453 156,95

Maison enterrée

G E C ingénierie
25, Impasse Maillol
78160 MARLY-LE-ROI
01 39 16 21 45

MONTANT TRAVAUX : 376 870,00 FHT
MONTANT HONORAIRES (10%) : 37 687,70 FHT
MONTANT TVA 20,6% : 85 398,88 F
MONTANT TOTAL : 499 956,58 FHT

Maisons à patio

MAISON MODELE / Bordereau — projet JULLIEN & GORY

LOTS	Q	PU	HT
terrassements - G.O. - V.R.D. - enduits ext.			
terrassement	144m2	750	1060
fouilles exécutées mécaniquement	8heures	140	1120
semelles filantes 0,45X0,25	44 ml	280	12320
semelles isolées 0,50X0,50X0,20	8U	175	1400
regards EP	2U	320	640
regards EU/EV	P.M.		
tranchées pour canalisations fouille manuelle	17ml	100	1700
canalisations PVC Ø100 compris raccords	26ml	107	2782
drainage en PVC annelé Ø80	16ml	41	656
forme gravillon ép. 0,10	128m2	71	9088
isolation blocage périphérique polyst extr 40mm	24m2	101	2424
dallage & chape refluée de 0,08	128m2	200	25600
murs séparatifs parpaings creux 20cm	65m2	236	15340
murs façade parpaings creux 15cm	62m2	210	13020
linteaux BA 15cm	5ml	250	1250
chaînages verticaux	32ml	58	1856
chaînages horizontaux	44ml	58	2552
enduits extérieurs monocouche	48,60m2	110	5346
			98174
charpente bois			
poteaux 0,20X0,20X3,20	0,225m3	9000	2025
poteaux 0,20X0,20X2,60	0,256m3	9000	2304
poutres 0,12X0,20	1,296m3	9000	11664
noues 0,12X0,20	0,288m3	9000	2592
pannes intermédiaires 0,10X0,16	0,410m3	9000	3680
entretoises 0,08X0,12	0,256m3	9000	2304
			24570
couverture			
supports bois liteaux 25X27mm	96ml	8,30	797
couverture bacs aciers nervurés simples	128m2	200	25600
faîtages 1 sur 2 (maisons en bande)	12ml	213	2556
rives type rives pignon	24ml	150	3600
noues métalliques	22,6ml	200	4500
gouttières pendantes zinc 1/2 rondes	16ml	158	2528
descentes EP en zinc Ø100	4,80ml	192,20	922
chatières métalliques	2U	800	1600
			42123
doublage - isolation - cloisonnements			
isolation plafonds laine de verre + kraft ép. 160	112m2	74	8288
isolation calibel	31,20m2	195	6084
doublage placo	31,30m2	70	2184
doublage polyplac sans pare-vapeur	49,40m2	238	11757
plafonds BA13 ossature bois n.c.	112m2	71	7952
ossature bois (liteaux 25X27mm)	96ml	8,32	798
séparatif garage placostyl SA149mm	22,50m2	248	5580
cloisons placoPAN 5mm	37,50m2	110	4125
			46768
menuiserie extérieure - fermeture			
baies coulissantes/ouvrantes aluminium	39,71m2	1600	63536
baies fixes aluminium	4,18m2	1200	5016
porte d'entrée BER compris serrure 3 points	1U	6220	6220
porte garage basculante tôle d'acier	1U	3500	3500
volet extérieur coulissant bois 1,90x2,20	4U	1400	5600
			58872
menuiserie intérieure			
scellement & pose blocs portes sur huisseries métal.	4U	1000	4000
scellement & pose bloc porte garage/maison	1U	1029	1029
			5029
électricité			
tableau électrique divisionnaire	1U	2800	2800
PC 10A+T	15U	330	4950
PC 16A+T	5U	350	1750
PCC 10A+T en SA	5U	420	2100
SF 10A+T	8U	330	2840
SF 10A+T éclairage extérieur	2U	420	840
PC garage plexo	1U	300	300
PC tel/TV.FM	1U	300	300
convecteurs électriques compris alim.	4U	330	1320
PC ballon eau chaude sanitaire	6U	1500	9000
PC 32A+T	1U	330	330
PC 20A+T	1U	330	330
PC sol	3U	350	1050
téléruptage	1U	420	1280
VMC	1U	500	500
		2000	2000
			31190
plomberie - sanitaire			
cuvette WC & raccords cuivre	1U	5000	5000
baignoire 170X70 "	1U	5000	5000
lavabo 50X65 "	1U	5000	5000
meuble évier 120X60	1U	5000	5000
vidange LV & LL	P.M.		
ballon ecs 250l "	1U	5000	5000
robinet puisage extérieur	P.M.		
			25000
revêtements sols souples			
revêtement linoléum U3P3 compris préparation	94m2	150	14100
			14100
clôtures - espaces verts			
clôture	4,8m3	35	168
terre végétale			168
TOTAL TRAVAUX HT			371003 ramené à 370 000 ff
honoraires architecte HT			45 000 ff
TOTAL coût de la maison HT			415 000 ff
TOTAL coût de la maison TTC (TVA 20,6%)	environ		500 000 ramené à 499 900 ff

G E C
ingénierie
25, impasse Maillol
78160 MARLY-LE-ROI
01 39 16 21 45

N°	LOT	PRIX FF HT
1	**GROS ŒUVRE**	**120 000,00**

A Terrassement :
- Fouilles de terres en rigoles : 15m3x140F = 2 100,00

B Fondations :
- Gros béton : 2m3X700F = 1400,00
- Semelles Filantes : - Béton 7m3x800 F = 5 600,00 F
  - Acier 400kg x 11 F/kg = 4 400,00 F
- Murs de fondations : 6 000,00 F
- Remblais + Evacuations des terres : 200,00 F
- Canalisations (EP + EU) : 18 ml x 125,00 F = 2250,00 F
- Dallage : 73m3 x 200 F = 14 600,00 F

C Structure :
- Poteaux : - Beton 2 x 1,1m3 x 800 = 2 000,00F
  - Acier 2 x 34 kg x 11 F = 748,00 F
- Poutres : - Beton 4m3 x 800 = 3 200,00F
  - Acier 400kg x 11 F/kg = 4 400,00 F
  - Coffrage 41m2 x 110,00 F = 4 510,00 F
- Murs parpaings creux de 20 : 175m2 x 220 F = 38 500,00 F
- Murs parpaings creux de 15 : 16m2 x 200 F = 32 000,00 F
- Plancher haut : 56m2 x 350 F = 19 600,00 F
- Isolation plafond garage : 18m2 x 170 F = 3 060,00 F
- Enduit ciment "boite d'entree" 6m2 x 100 F = 600,00 F

| 2 | **CHARPENTE BOIS** | **18 000,00** |

- Fermettes industrialisées : 20 x 450 F = 9 000,00 F
- CP 15mm CTBX 95m2 x 95 F = 9 025,00 F

| 3 | **ETANCHEITE** | **23 000,00** |

- Etanchéité rouleau goudronné : 250 m2 x 80 = 20 000,00 F
- Gouttière PVC : 22 ml x 70 = 1 540,00 F
- Descente EP : 10 ml x 70 = 700,00 F
- 2 Regards en PVC : 2 x 500 = 1 000,00 F

| 4 | **VETURE** | **47 250,00** |

- Véture y compris écarteurs ou tasseaux : 273 m2 x 173 F = 47 250,00 F

| 5 | **MENUISERIE EXT.** | **45 000,00** |

- Portes fenêtres Type Lapeyre 200x.80 : 15 x 1 950 F = 29 250,00 F
- Volets Type Lapeyre : 16 x 745 F = 11 900,00 F
- Porte de garage en bois : 1 000 F
- CTBX : 30m2 x 95 F = 2 850 F

| 6 | **SERRURERIE** | **4 500,00** |

- Garde corps : 9 x 500 F = 4 500,00 F

| 7 | **MENUISERIE INTERIEURE** | **17 500,00** |

- Bloc porte de distribution : 8 x 800 F = 6 400,00 F
- Porte d'entrée : 3 000,00 F
- Escalier bois : 6 000 F
- Lisse bois : 2 ml x 250 F = 500,00 F
- Plinthes : 80ml x 20 F = 1 600,00 F

| 8 | **CLOISONS DOUBLAGE** | **35 000,00** |

- Cloisons de distribution : 105 m2 x 100 F = 10 500,00 F
- Faux plafondBA 13 : 50 m2 x 100 F = 5 000,00 F
- Isolant 2 x 80 mm : 50 m2 x70 F = 3 500,00 F
- Isolant 10+80mm : 132m2 x 121F = 16 000,00 F

| 9 | **ELEC./CHAUFFAGE** | **19 000,00** |

- Electricité : ensemble = 12 000,00 F
- Chauffage electrique : ensemble = 9 000,00 F

| 10 | **PLOMBERIE** | **22 000,00** |

- 5 Appareils x 4 400 F = 22 000 F

| 11 | **PEINTURE** | **14 000,00** |

- Plafonds : R+1 = 67 m2 et RDC = 45m2 soit 112m2 x 35 F = 3 850,00 F
- Murs , papiers peints : 300m2 x 25 F = 7 250,00 F
- Portes : 34 m2 x 35 F = 1 190,00 F

| 12 | **SOLS** | **8 000,00** |

- Moquette R+1 : 45 m2 x 80 F = 3 600,00 F
- Teinte RdC dans chappe colorée : 45m2 x 95 F = 4 275,00 F

| 13 | **CLOTURE / JARDIN** | **15 000,00** |

- Portail décoratif métal ouvragé % Castorama
  piétons + auto : 3 000, 00 F
- Clôture périphérique : 3 000,00 F
- Arbres : 15 U x 150 F = 2 250,00 F
- Gazon : 230 m2 x 9 = 2 070,00 F
- Asphalte cour d'entrée : 116m2 x 40 F = 4 640,00 F

G E C
ingénierie
25, Impasse Maillol
78160 MARLY-LE-ROI
01 39 16 21 45

	TOTAL TRAVAUX HT	388 000,00
	HONO. ARCHI. HT	26 510,00
	TOTAL HT	414 510,00
	TOTAL TTC	499 900,00

LE ⓚ ARCHITECTURES   HERMAN SIGWALT VERDIER

Maison «Modèle»
Budget estimatif phase A.P.D. ordinaires

Lot 01 gros-œuvre

intitulé	quantité	prix U	total H.T.
01-1 - installation chantier			compris
01-2 - implantation - traits de niveaux			compris
01-3 - fouilles en rigoles ou en puits et fondations			33 210,00
01-4 - ouvrages en béton armé et coffré	21m3/144m2	850/80	37 770,00
01-5 - chappe béton lissé sur tout-venant compacté	45m2	180	8 100,00
01-6 - chappe béton lissé sur prédalles précontraintes	45m2	180	8 100,00
01-7 - prédalles béton précontraint	45m2	200	9 000,00

Lot 02 charpente métallique/couverture

intitulé	quantité	prix U	total H.T.
02-1 - ossature métallique	2,8t	11	30 800,00
02-2 - bardage métallique galva	27,5m2	100	2 750,00
02-3 - bardage polycarbonate transparent	40m2	210	8 400,00
02-4 - couverture bac acier	75m2	200	15 000,00
02-5 - isolation sous couverture	47m2	180	8 460,00
02-6 - écoulement des eaux	25ml	150	3 750,00

Lot 03 cloisons/doublages

intitulé	quantité	prix U	total H.T.
03-1 - cloisons légères	59m2	150	8 850,00
03-2 - doublage mur façade + isolant	35m2	150	5 250,00

Lot 04 serrurerie

intitulé	quantité	prix U	total H.T.
04-1 - porte garage basculante rempl. polycarb. trans	3X5m	600	9 000,00
04-2 - châssis pivotant de verrière rempl. polycarb. trans	3X5m	600	9 000,00
04-3 - porte verrière rempl. polycarb. trans	1X2,8m	600	1 680,00
04-4 - porte balcon rempl. bardage métal.	1X2,2m	500	1 100,00
04-5 - grilles ext. anti-effraction	7m2	500	option
04-6 - escalier métallique	1niv.		8 000,00
04-7 - clôture grillage	32ml	100	3 200,00

Lot 05 menuiserie

intitulé	quantité	prix U	total H.T.
05-1 - porte int. standard bois	6	800	4 800,00
05-2 - porte vitrée châss. bois ouverture accordéon	12,5m2	1200	15 000,00
05-3 - porte bois ouverture accordéon	12,5m2	800	10 000,00
05-4 - cloison bois	4m2	300	1 200,00
05-5 - menuiserie ext. PVC simple ouv	6X2,25m2	2500	15 000,00
05-6 - palissade bois planches de coffrage	30m2	100	3 000,00
05-7 - portail coulissant	3X1,6m	500	2 400,00

Lot 06 peinture

intitulé	quantité	prix U	total H.T.
06-1 - peinture vinyl. mur	184m2	40	7 360,00
06-2 - lasure pour béton coffré	45m2	70	option

Lot 07 électricité

intitulé	quantité	prix U	total H.T.
07-1 - électricité			35 000,00

Lot 08 plomberie/sanitaire

intitulé	quantité	prix U	total H.T.
08-1 - appareils sanitaires, y compris canalisations	5 élé	5000	25 000,00
08-2 - installation complète chauffage gaz	270m3		40 000,00

Lot 09 plantations

intitulé	quantité	prix U	total H.T.
09-1 - plantation de cannes de provence et ronces	32 ml	80	2 560,00

Montant H.T. total des travaux   372 740,00 Frs

montant H.T. honoraires (11%)   41 000,00 Frs

Montant H.T. total   413 740,00 Frs

Montant T.T.C.   total   498 970,44 Frs

G E C
ingénierie
25, Impasse Maillol
78160 MARLY-LE-ROI
01 39 16 21 45

STRUCTURE	prix unitaire	unité	quantité	unité	prix HT
Nivellement:					
terrassement décapage sur 30 cm	60	F/m3	18	m3	1080
Fondations:					
semelle filante périphérique	850	F/m3	4,08	m3	3468
Plancher du rez de chaussée:					
dalle de béton	850	F/m3	8,25	m3	7013
aciers	10	F/kg	330	kg	3300
superstructure					
mur en parpaings	250	F/m2	153	m2	38250
plancher de l'étage					
poutres en bois apparentes	4000	F/m3	0,375	m3	1500
contreplaqué 18 mm	100	F/m2	34	m2	3400
charpente					
poutres en bois apparentes	4000	F/m3	0,375	m3	1500
pannes + chevrons	4000	F/m3	0,84	m3	3360
TOTAL					62871

ENVELOPPE	prix unitaire	unité	quantité	unité	prix HT
complexe de façade et de toiture					
(depuis l'intérieur) BA 13	80	F/m2	162	m2	12960
isolant laine de roche 15 cm	60	F/m2	185	m2	11100
CTBX 10mm	80	F/m2	185	m2	14800
pare-pluie	150	F/m2	185	m2	27750
fenêtres PVC					
4 portes fenêtres en accordéon	1200	F/m2	22	m2	26400
4 fenêtres	1200	F/m2	4	m2	4800
3 velux	800	F/m2	5	m2	4000
TOTAL					101810

SUR-FACADE / SUR-TOITURE	prix unitaire	unité	quantité	unité	prix HT
cadres en acier galvanisé					
cornières acier galva + Flexigrip	140	F/ml	340	ml	47600
chandelles	30	F/u	128	u	3840
pistons hydrauliques	1000	F/u	8	u	8000
paumelles	100	F/u	16	u	1600
toile PVC imprimée quadrichromie	75	F/m2	212	m2	15900
TOTAL					76940

jolie maison solide

FINITIONS INTERIEURES	prix unitaire	unité	quantité	unité	prix HT
escalier bois + garde-corps	6000	F/u	1	u	6000
portes intérieures	1000	F/u	7	u	7000
cloisons placopan	110	F/m2	63	m2	6930
mur intérieur peint	40	F/m2	200	m2	8000
peinture pièces humides	40	F/m2	36	m2	1440
chape teintée au rez	60	F/m2	55	m2	3300
vitrification plancher de l'étage	60	F/m2	34	m2	2040
TOTAL					34710

EQUIPEMENT SANITAIRE	prix unitaire	unité	quantité	unité	prix HT
1 baignoire 170cm	5000	F/u	1	u	5000
double lavabo	5000	F/u	1	u	5000
2 cuvettes WC	5000	F/u	2	u	10000
1 double évier	5000	F/u	1	u	5000
2 points d'eau pour le jardin	500	F/u	2	u	1000
TOTAL					26000

EQUIPEMENT ELECTRIQUE					
TOTAL					15000

CHAUFFAGE					
chaudière à gaz + 7 radiateurs					38000
TOTAL					38000

JARDIN	prix unitaire	unité	quantité	unité	prix HT
arbres à haute tiges	250	F/u	8	u	2000
gazon	9	F/m2	250	m2	2250
terrasse	200	F/m2	20	m2	4000
allée voiture	25	F/m2	16	m2	400
clotûre	100	F/ml	60	ml	6000
TOTAL					14650

TOTAL HT		369981
honoraires architectes / BET		44510
total		414491
TVA		85390
total TTC		499881

G E C ingénierie
25, Impasse Maillol
78160 MARLY-LE-ROI
01 39 16 21 45

PICNIC

Picnic

GROS ŒUVRE — MENUISERIE

DESCRIPTIF	QUANTITATIF	PU	PT
Structure :			
Radier:			
10,58 x 10,58 = 112 m2 - ép: 0,15 -	16,8 m3	850	14 280
Acier 50 kg / m3 :	840 kg	10	8 400
Muret périphérique:			
Béton banché h: 0,81 x ép: 0,15 x l: 37,3	4,50 m3	850	3 825
Acier 40 kg / m3 :	180 kg	10	1 800
Coffrage : 0,25 x 4 x 0,80	32,60	80	2 604
Isolant dormant	30,20 m2	100	3 020
Poteau de façade:	x 16 = 440 kg	11	4 840
Tube acier galva sur muret périphérique.			
0,15 x 0,10 x h: 1,47 m			
Poteau central:	x 2 = 213 kg	11	2 343
Tube acier galva 0,18 x 0,18 x h: 2,28 m			
Poutre droite:	x 2 = 651 kg	11	7 161
IPE 240 acier galva - portée 2 x 5,30 m			
Poutre droite de rive:	x 4 = 751,88 kg	11	8 161
Tube 150 x 50 acier galva			
portée 3 x 2,52m + 2 x porte à faux 1,26 m			
Toiture :			
Bac acier: Perforé pour acoustique	112 m2	200	22 400
Système "gravillandi- Siplast:	112 m2	500	56 000
Comprenant isolant et étanchéité			
Chéneaux :	43 ml	350	15 050
Revêtement de sol :			
Chape rapportée en mortier coloré	104 m2	60	6 240
finition talochée.			

Total → 156 144

DESCRIPTIF	QUANTITATIF	PU	PT
Façades :			
Porte-fenêtre 4 vantaux :	x 1	6 500	6 500
2,28 x 2,52 (type Lapeyre)			
Porte-fenêtre 2 vantaux :	x 2	3 000	6 000
2,28 x 1,26 (type Lapeyre)			
Fenêtre 2 vantaux :	x 28	2 000	56 000
1,47 X 1,26 (type Lapeyre)			
About de poteau	x 16	65	1 040
About d'angle	x 4	65	260
Fermetures: Volets	x 50 m2	600	30 000
Aménagement intérieur:			
Cloison sandwich :	x 50 m2	130	6 50u
2 x triply 15 mm sur ossature tasseaux bois 50 x 50			
+ remplissage acoustique. h : 2,28 m			
- Bloc humide	x 24,2 m2		
- Chambre	x 25,5 m2		
Cloison sandwich avec coulissant :			
Coulisse acier galva fixé pour portes coulissantes avec	x 1,50 m2	150	225
2 galets par portes sur 26 galets.	x 17,60 ml	160	2 816
- (2 x 5) x 6,62 ml			
- 5 ml			
portes coulissantes:	x 24,30 m2	250	6 075
2 x triply 10 mm sur cadre bois 30 mm. h: 2,30m			
- 7,70 x 2,30 = 17,80 m2			
- 2 x (2,30 x 1,40)= 6,5 m2			
About de cloison sur fenêtre:	x 2	85	130
T en acier galva h: 1,47 x L=0,15 x H=0,8			
Mobilier:			
Cuisine:	x 2,88 m2	150	432
plan de travail triply ép : 2x15 cm 240 x 60 cm			
Salle de bains:	x 1,92 m2	150	288
plan de travail triply 4pi:2x15 cm 160 x 60 cm			
joue de la baignoire triply ép: :15 cm 160 x 60 cm	x 1,92 m2	150	288
Rideau de garage :	l'ensemble	6 000	6 000
Bâche + rail haut et bas			

Total → 122 554

ELECTRICITE — PLOMBERIE-CCHAUFFAGE — VRD — JARDIN

DESCRIPTIF	QUANTITATIF	PU	PT	PICNIC
Electricité :				
Tableau:				
Prises (ou sortie bout de fil)				
4x façade (une trame sur deux) = 16	x 1			
salle de bc: 1x plan de travail				
cuisine: 1x plan de travail	x 21			
1x réfrigérateur				
1x hotte*				
1x contact chaudière				
Prises appareils :	x 4			
1x lave linge (sdb)				
1x lave vaisselle (cuisine)				
1x four (cuisine)				
Prises commandées:	x 17			
1x pièces: 4 chambres possibles				
salon				
entrée / garage				
cuisine				
salle de bains				
wc				
8x points lumineux extérieurs				20 000 / 20 000
Chauffage :				
Chaudière	x 1			
Cheminée d'extraction	x 1		40 000	60 000
Réseau chauffage	x 6			
Radiateur : 1x par pièce modèle de base en allège	x 1			
Cheminée de ventilation de la salle de bains	x 1			
Plomberie :				
Equipements:				
wc:	x 1			
baignoire (tôle) 160x70 + mitigeur de base	x 1		1 500	1 500
vasque faïence + mitigeur de base	x 1			
évier inox + mitigeur de base	x 1			
V.R.D :				
... au + à 5m de la façade				
1 regard au droit du bloc humide.	x 1			
Jardin :				
Butte végétale:				
Butte de terre végétale en périphérie de la maison	x 8 m3	35	280	
0,75 m2 / ml x 37,28 mls= 28 m3				
(20 m3 sont contenu sous la construction)				
Baliveaux : lilas, noisetiers ou saules. 4 / m2 x 55 m2	x 100	15	1 500	
Terrain : gazon	x 100	100	10 000	
Surface extérieure minérale	x 180 m2	9	1 620	
Dalle béton ou béton balayé sur lit de sable 2 x 5m2	x 10 m2	180	1 800	16 800 / 16 800
Portail :				

Récapitulatif

	ESTIMATIF
Gros-œuvre	156 144,00
Menuiserie extérieur / intérieur	122 554,00
Electricité	20 000,00
Chauffage / plomberie	60 000,00
VRD	1 500,00
Aménagement du jardin	16 800,00
Prix HT et hors honoraires	**376 998,00**
Honoraires architecte	37 500,00
Montant total HT	**414 498,00**
Montant de la TVA	85 386,59
Montant TTC	**499 884,59**

G E C ingénierie
25, Impasse Maillol
78160 MARLY-LE-ROI
01 39 16 21 45

MAISON MODELE - TRANCHES DE VIE - CHIFFRAGE

		prix ht à l'unité	prix total
Terrain: superficie: 380m² (9m x 42m)			
- Mise en forme du terrain:			
- enlèvement des terres:	157 m3	60	9 420
- déblais:	133.5 m3		
- remblais:	23.5 m3		
- Fondations semelles filantes:	16m.l	210	3 360
- Murs en parpaings - ép.20 cm			
- enduit une face + doublage une face:	238 m²	450	10 7100
- Dallage béton armé sur terre plein:			
- dalle plane:	136 m²	200	27 200
Modules: préfabriqués en atelier, dim. hors tout : 5.5m x 1.27m x6			
- Structure bois, poutres Lamellix : deux éléments par module,	16.5 m.l chacune	63	1 071x2
- Parois et toitures, polycarbonate Everlit :	13.5 m²	210	2 835
- Parquet flottant:	6.5 m²	100	650
- Isolation en sous face, laine de verre:	6.5 m²	80	520
- Étanchéité à l'humidité en sous face, CTBX:	6.5 m²	110	715
			6 862x6=41 172
Composant de jonction: préfabriqué en atelier, dim. hors tout : 5.5m x 0.67m x5			
- Toiture, polycarbonate Everlit :	3.5 m²	210	735
- Parois, CTBX (ouvrants compris): deux éléments par module,	1.625 m² chacun	500	812.5x2
- Ouvrants, CTBX: deux éléments par module, dim: 1.5m x 0.4m , soit	0.6 m² chacun	500	300
- Parquet flottant:	3.25 m²	100	325
			2 985x5=14 925
Façades pignon : (remplissage et fermeture des modules d'extrémité) x2			
- Poutre en sapin de maintien des menuiseries,	dim: 4.8m, section 7 x 7 cm,	200	200x2
- Parois, polycarbonate Everlit :	18 m²	210	3 780x2
- Remplissage intérieur contreplaqué :	18 m²	100	1 100x2
Menuiseries:			
- Portes-fenêtres Lapeyre, 1 vantail, dim;totale; x4	218 x 86 cm	1 750	7 000
- Vitrages fixes, sur menuiseries x12	218 x 86 cm	1 500	18 000
- Blocs portes Lapeyre, x4	204 x 83 cm	1 100	4 400
- Blocs portes Lapeyre, x2	204 x 63 cm	900	1 800
- Porte d'entrée Lapeyre, porte acier, x1	202 x 83 cm		3 500
- Escalier préfabriqué Lapeyre, bois exotique, x1	largeur: 0.6 m		2 500
Cloisons:			
- Cloisons placostyl hydrofuge,	64 m²	140	8 960
- Carrelage blanc 20 x 20cm,	50 m²	200	10 000
Plomberie: appareillage standard,			
- Lavabos x2		5000	10 000
- Wc x2			10 000
- Bac à douche, x1			5 000
- Evier x1			5 000
Chauffage:			
- Chaudière mixte au gaz			
- Convecteurs: tubes à ailettes	12 m.l		30 000
Couverture-étanchéité:			
- Chenaux aluminium,	24 m.l	350	8 400
- Descentes d'eau pluviales, x4		300	1 200
- Caniveau dans dalle béton sous-sol,	9.4m.l	400	3 760
Electricité			25 000
			Total 366 757
Option:			
-Murs jardin, parpaing 20cm enduits deux faces,	128 m²	450	57 600
-Gazon	80m²	10	800
Honoraires architecte:			30 243
coût globale:			500 000

GEC
ingénierie
25, Impasse Maillol
78160 MARLY-LE-ROI
01 39 16 21 45

Désignation	Matériaux	Prix	Quantité	Estimation
Terrassements				3 260
Fouilles		140 francs/m3	4,00	560
Remblais	Terre	60 francs/m3	45,00	2 700
Gros oeuvre				35 175
Fondations	Longrines			4 800
Socle	Béton	850 francs/m3	22,50	19 125
Noyau central	Parpaing de 15	250 francs m2	45,00	11 250
Charpente				52 080
Poutres	Triply	100 francs/m2	114,00	11 400
Pannes	Sapin	30 francs/m	156,00	4 680
Ossature bois	Sapin	4 000 francs/m3	9,00	36 000
Bardages, vitr.				91 770
Bardage	Bac acier laqués	200 francs/m2	219,00	43 800
Cornières	Métal	150 francs/m	100,00	15 000
Chénau	Métal	400 francs/m3	6,50	2 600
Boîte à eau	Métal	400 francs/pièce	1,00	400
E.P	Tube métal 15	200 francs/m	5,00	1 000
Escaliers d'accès	Caillebotis mét.	1500francs/pièce	2,00	3 000
Verrières	Polycarbonate	210 francs/m2	37,00	7 770
Fenêtres	Bois	1 400 francs/m2	13,00	18 200
Plâtre, isolation				38 090
Faux-plafonds	BA 13	100 francs/m2	90,00	9 000
Isolation	Laine de verre	80 francs/m2	90,00	7 200
Murs	Placomur	180 francs/m2	99,00	17 820
Cloisons	Placopan	110 francs/m2	37,00	4 070
Paquet flottant	Triply	300 francs/m2	61,30	18 390
Escalier	Charme	1500francs/pièce		1 500
Revètement	MDF	400 francs/m2	45,00	18 000
Porte d'entrée	Ser. 3 points	3 500 francs/m2	1,00	3 500
Portes	Pan. isoplan	1100francs/pièce	6,00	6 600
Portes coul.	Pan. isoplan	2000francs/pièce	1,00	2 000
Plomberie				22 000
Sanitaires	Eléments	5000francs/pièce	4,00	20 000
Chauffe eau	150 litres	2000francs/pièce		2 000
Electricité				25 800
Electicité	Installation			20 000
Chauffage	Convecteurs	1450francs/pièce	4,00	5 800
Peinture				16 970
Enduit	Plâtre	60 francs/m2	45,00	2 700
Chambres	Peinture mate	40 francs/m2	185,00	7 400
Pièces hum.	Laque	60 francs/m2	114,50	6 870
Aménagements				34 865
Remblais	Terre	60 francs/m3	32,50	1 950
Esp. minéral	Gravillons	35 francs/m2	75,00	2 625
Bordures	Béton	120 francs/m	60,00	14 400
Espaces verts	Gazon	10 francs/m2	255,00	2 550
Haies	Thuyas	20 francs/pièce	27,00	540
Séparation	Grillage	100 francs/m	88,00	8 800
Portail	Métal	4000francs/pièce	1,00	4 000
Total H.T.				370 000

Nicoleau-Scoffier, le 30 Avril 1997

Calculation					1 maison		3 maison
preparation							
Excavation	110.000	55		6'050	17'240	11'800	36'600
	57.625	140		8'068		17'000	
Rigoles	22.300	140		3'122		7'800	
Beton fondation	10.500	150		1'575	245'257	3'300	714'663
Mur de Soubassement				25'160		66'700	
Beton	6.000	850	5'100.00				
coffrage	59.500	80	4'760.00				
acier	260.000	10	2'600.00				
Drainage	30.600	200	6'120.00				
Canalisation	45.800	100	4'580.00				
regard PVC	4.000	500	2'000.00				
dalle base	50.210	350		17'574		52'719	
Dallage Garage	15.360	200		3'072		21'390	
Murs préfabriqués							
maison	98.500	500		49'250		104'328	
garage	35.500	350		12'425		54'923	
Lignatur dalle	87.000	650		56'550		169'650	
Lignatur façade	31.740	650		20'631		61'893	
Fenêtres	23.660	2000		47'320		141'960	
murs interieur	65.000	180		11'700		37'800	
porte entrée				3'500	86'922	10'500	213'101
porte garage				3'000		9'000	
systeme étanchélté				26'181		54'980	
systeme étanchélté garage				6'624		19'872	
Isolation	92.000	180		16'560		17'949	
Isolation toit	55.700	180		10'026		30'000	
portes interieurs	4.000	1500		6'000		18'000	
escalier en bois				3'500		10'500	
....	4.560	50		228		600	
Faience	16.060	50		803		2'400	
finition sol	67.000	100		6'700		27'900	
pinture interieur	95.000	40		3'800		11'400	
Chauffage électric				9'000	52'920	27'000	130'800
Plomberie				28'920		58'800	
Electricité				15'000		45'000	
sol éxterieur	42.000	250		10'500	10'500	30'000	30'000
					412'838		1'125'164
					par maison		375'055

Maison-plus

GEC
ingénierie
25, Impasse Maillol
78160 MARLY-LE-ROI
01 39 16 21 45

MONTANT DES TRAVAUX :   445 058.62 FTTC   369 037 FHT

Désignation		U	Q	Prix U (FHT)	Montant (FHT)
décapage terrain		m3	102	30	3 060
semelle		m3	6	850	5 100
acier		kg	240	10	2 400
parpaings		m2	43	250	10 750
remblai		m3	120	60	7 200
raccord e.p.		ml	22	110	2 420
dallage (terrasses comprises)		m2	118	200	23 600
finition sol (béton teinté vernis)		m2	88	60	5 280
structure métallique		kg	2 470	13	32 100
mur Styltech	-parement étanche	m2	67,7	500	33 850
	-parement pierre	m2	9	900	8 100
	-parement bac acier	m2	16	580	9 280
couverture (bac acier, joint debout)		m2	104,8	330	34 584
chéneau et capot		ml	206	400	8 240
skydom		U	1	8 000	8 000
vitrages		m2	23	1 600	36 800
volets		m2	35	400	14 000
barreaux (façade nord)		ens			1 000
cloison	-placopan	m2	46,7	110	5 137
	-brique plâtrière	m2	7,2	200	1 440
	-polycarbonate	m2	7,6	210	1 596
portes	-palier (vitrée)	U	1	3 840	3 840
	-cuisine	U	1	3 200	3 200
	-isoplane	U	5	800	4 000
	-coulissante	U	2	1 900	3 800
plomberie		ens.			25 000
chauffage électrique		U	9	1 500	13 500
électricité		ens.			15 000
parement acier laqué (SdB)		m2	9,9	150	1 485
plafond (bois ceintré lasuré)		m2	99	150	14 850
peinture		m2	170	40	6 800
garage	-ossature bois	ens.			6 000
	-couverture fibre de verre	m2	24	80	1 920
	-façade bois	m2	28	100	2 800
	-portail (bois acier)	U	1	4 000	4 000
clôture	-palissade bois	m2	16	100	1 600
	-grillage	ml	32	95	3 040
terre végétale		m3	37	35	1 295
haie vive		ml	39	30	1 170
gazon		m2	200	9	1 800

Maison de jardin

HONORAIRES D'ARCHITECTE :   54 270,00 FTTC   45 000 FHT

MONTANT GLOBAL DE L'OPÉRATION :   499 328.62 FTTC   414 037 FHT

**G E C
ingénierie**
25, Impasse Maillol
78160 MARLY-LE-ROI
01 39 16 21 45

Nota:

ne sont pas compris dans les prix:

- les finitions décoratives des cloisons intérieures: panneaux bois, parements cuivre, tissus capitonné ou tapisserie.
- les arbres et toute plantation en dehors de la haie et du gazon (le jardin est forcément aménagé par l'habitant).

	QUANTITE	PRIX UNIT.	TOTAL HT
FONDATIONS, DALLAGE BETON TEINTE	90	900,00	81 000,00
CHARPENTE BOIS	ENS.	4 000,00	4 000,00
MUR OSSATURE BOIS	82	350,00	28 700,00
BARDAGE NAVIREX	82	135,00	11 070,00
POUTRE ALFA	84	180,00	15 120,00
COMPLEXE PANOTOIT + MEMBRANNE	90	450,00	40 500,00
MENUISERIE EXT.			
. FENETRES	12	2 000,00	24 000,00
. PORTES PIVOTS	2	8 500,00	17 000,00
. REGLIT	18	500,00	9 000,00
MENUISERIE INT.			
. PORTES ISOLANTES	3	2 700,00	8 100,00
. PORTES COULISSANTES	4	2 000,00	8 000,00
. PORTES ALVEOLAIRES	2	700,00	1 400,00
. ENS. PLACARD	3	3 500,00	10 500,00
CLOISONS PLAQUES PLATRE	50	200,00	10 000,00
PLOMBERIE	ENS	13 053,00	13 053,00
CHAUFFAGE GAZ	ENS	25 000,00	25 000,00
ELECTRICITE	ENS	20 000,00	20 000,00
			326 443,00
GARAGE			
SOL	ENS	1 300,00	1 300,00
OSSATURE + BARDAGE NAVYREX	72	300,00	21 600,00
COUVERTURE	27	250,00	6 750,00
			29 650,00
TERRASSEMENTS, CLOTURES, ESP. VERTS	ENS	13 500,00	13 500,00
			13 500,00
TOTAL GLOBAL HT			369 593,00

Maison portes ouvertes

Les finitions peinture, lasure et vernis, sont à la charge du propriétaire.

COUT MAISON HT	369 593,00
HONORAIRES ARCHITECTES HT	45 000,00
COUT TOTAL HT	414 593,00
TVA	85 406,16
COUT TOTAL TTC	499 999,16

G E C ingénierie
25, Impasse Maillol
78160 MARLY-LE-ROI
01 39 16 21 45

TOTAL ARRONDI à 499.999,00 Francs TTC

Repères biographiques

PERIPHERIQUES

PERIPHERIQUES est une association loi 1901, fondée en septembre 1995 par trois agences d'architectes : Jakob + Mac Farlane, Jumeau + Paillard et Marin-Trottin + Trottin.
Elle a pour vocation la promotion de l'architecture.

« Au travers de cette association nous cherchons à explorer et confronter les problèmatiques de la production architecturale actuelle.
Les difficultés de la conjoncture nous imposent de prendre position dans le débat. Nous ne serons pas une génération silencieuse, isolée et inactive.
Nous revendiquons une architecture d'auteur engagée et sans compromis.
C'est pour aller dans ce sens que nous organisons des événements critiques. »

La première action de ce groupe a été la publication d'un livre qui présente trois manières contemporaines de construire un pavillon : *3 maisons 1/2 en banlieue*

PERIPHERIQUES est à l'origine de l'exposition *Concours perdus* présentant quatorze projets d'architecture et de paysage exposés au printemps 1996 à la galerie Philippe Uzzan à Paris.
Ce second évènement résidait dans l'idée d'offrir tribunes et cimaises à des projets non lauréats pour relancer ainsi débats et critiques autour de propositions de qualité qui, sans cette exposition, seraient restées inconnues.

Lors de la VIe Mostra Internationale d'Architecture de Venise en septembre 1996, PERIPHERIQUES a organisé un événement off. Cette *nuit de la jeune architecture* a permis à une trentaine d'architectes et paysagistes de notre génération de présenter, sous forme d'une conférence-projection, leur travail et leur démarche.
Ces présentations ont fait l'objet d'un cycle de conférences les 4 lundis du mois d'octobre à l'Ecole d'Architecture Paris-Villemin.
Le quatrième événement de PERIPHERIQUES s'intitule : *A la recherche de la maison modèle*. Il s'agit de proposer une alternative à la production de la maison individuelle de masse et à l'urbanisme qui en découle. C'est dans ce sens que PERIPHERIQUES a lancé un appel à idées auprès de jeunes architectes et paysagistes Européens. Ces réflexions débouche aujourd'hui sur une exposition itinérante et l'édition d'un catalogue présentant 36 modèles de maisons.

AATITUDES + MAUPIN (Paris)

Aatitudes (1993) : Thomas Billard, Robin Greiner, Guendalina Herminghaus et Raëd Skhirii, architectes diplômé de l'ESA.
Parcours/Principaux projets : Lauréat ex- aequo du concours Butagaz des balises urbaines (1994). 3ème prix du concours Cimbéton (1993).

Associés à : Stéphane Maupin, architecte DPLG et Master de Sci-Arc (1994).
Parcours/Principaux projets : Mentionné à Europan 3. Lauréat du concours Butagaz (1991).

ACTAR (Barcelone)

Manuel Gausa*, Aureli Santos, Oleguer Gelpi**, Ignasi Perez, architectes diplômés de l'Ecole de l'ETSAB de Barcelone, et Florence Raveau**, architecte DPLG de Paris La Défense.
(*Directeur de la revue Quaderns, **Rédacteurs de la revue Quaderns).
Parcours/Principaux projets : Divers projets urbains dont : réorganisation paysagère du champ de Bataille de Waterloo, restructuration urbaine de la rive nord de Saragosse, interventions de correction environnementale en bordure d'infrastructures, bourse Mopta ; divers projets d'ensembles de logements, mentionnés à Europan 1.

ASHTON-PORTER + PORTER (Londres)

Andrew Porter (1966) et Abigail Ashton (1967), architectes diplômés de UCL. Ils enseignent au Bartlett School of Architecture.
Parcours/Principaux projets : Concours The Bloomsbury Centre, 2ème prix. Résidence Jackson-Stewart. ils travaillent pour l'agence d'Architecture de Cook and Hawley à la réalisation de 107 logements à Corfu au Japon.

AVANT-TRAVAUX (Paris)

Architectes diplômés de l'ESA. Ils y enseignent pendant un an.
Parcours/Principaux projets : USP à Villejuif. Collège 400 à Torcy. Bâtiment psychiatrique à Nanterre. Mobilier du Parlement Européen à Strasbourg.

BARKOW + LEIBINGER (Berlin)

Régine Leibinger (1963), architecte diplômée de l'Université Technique de Berlin, Master d'Architecture de Harvard Graduate School of Design. Elle enseigne depuis 1993 à l'Université Technique de Berlin.

Franck Barkow (1957), diplômé de Montana State University, Master d'Architecture de Harvard Graduate School of Design.
Il enseigne depuis 1995 à l'Architectural Association à Londres.
Parcours/Principaux projets :
Deux maternelles à Berlin et Pankow. Usine de lasers à Stuttgart. Pavillon d'entrée à Adlershof, Berlin. Usine de lasers à Farmington au Connecticut USA.

BESSON (Paris)
David Besson (1964), paysagiste DPLG de l'ENSP de Versailles.
Parcours/Principaux projets : Lauréat de la bourse de *l'envers des villes* pour un projet de jardins associatifs : *jardins voisin* avec L. Guibert (1996). Réalisation du jardin de l'Engref/Cemagref à Clermont-Ferrand, jardin pour l'Opac rue Marcadet-Poissonniers à Paris.

BRS (Genève)
Pierre-André Bohnet (1965), Steve Ray (1965), architectes diplômés de l'ETS de Genève, Diana Stiles (1963) diplômée de l'Université de Auckland, Nouvelle-Zélande.
Parcours/Principaux projets : Construction d'un îlot à Genève avec salle communale, logements et rénovation d'un bâtiment existant. Projet pour une ligne de tramway à Genève. Coopérative de logements à Genève.

CARBONE (Rome)
Sandro Carbone (1965), architecte diplômé (1988) de la faculté d'Architecture de Rome *La Sapienza*. Il y est assistant de 1988 à 1990.
Parcours/Principaux projets : Collaboration à l'Encyclopédie Italienne Treccani (1990). Collaboration avec M. Fuksas (1990) et avec J. Nouvel (1991-97). Europan 2. Europan 3. Concours Festival International des jardins à Chaumont sur Loire. Concours à Orestad au Danemark avec BRS (projet mentionné). Concours de l'UIA à Barcelone avec BRS (projet mentionné). Concours du Borghetto Flaminio à Rome avec Joëlle Achache.

COULON (Paris)
Françoise Coulon (1960), architecte DPLG (1986). Bourse du Ministère de la Culture en 1988 pour les Moulmouls de Humonde et Rayguette.
Parcours/Principaux projets : Lauréate du concours Butagaz (1991). Stands et Show-rooms Mikli et

Montana. Réhabilitation d'une Longère à Carnac. Aménagements de bureaux administratifs d'une école à Paris. Concours pour une salle polyvalente à Sancé.

DOAZAN + HIRSCHBERGER (Paris)
Stéphane Hirschberger (1966) et Benoite Doazan (1967) architectes DPLG (1992).
Parcours/Principaux projets : Lauréats du concours CAUE 77 *Habitat et forme urbaine en commune rurale* (1994). Lauréats du concours CAUE 93 *Quel avenir pour les marchés forains* (1995). Aménagement de la grande rue à Vert, Yvelines (1996). Projet urbain à Dammartin en Goële, Seine et Marne (1997), Aménagement de Sion-sur-l'Océan, St Hilaire-de-Riez, Vendée (1997).

FASSIO + VIAUD (Paris)
Olivier Fassio (1962), architecte DPLG à Versailles, enseigne depuis 1995 à l'Ecole d'Architecture de Paris-La Villette.
Jean-Brice Viaud (1962), architecte DPLG à Versailles, Master d'Architecture de University of Illinois, enseigne en 1994 à l'Ecole d'Architecture de Versailles. Ils sont associés depuis 1993.
Parcours/Principaux projets : Collège M-Bastié à reims. Gymnase à Cournon en Auvergne. Extension d'une clinique à La Réunion. Boutique Pôles à Paris. Habitat groupé à Paris. Concours pour la bibliothèque de Mammoudzou.

FRANCOIS + LEWIS (Paris)
Edouard François, architecte DPLG (1983).
Duncan Lewis, designer BA Hon's Royal College of Art M. D's.
Parcours/Principaux projets : Premier Prix de l'International Forum of Young Architects. Biennale d'Architecture de Sofia, juin 1997. Présents dans le dictionnaire de l'Architecture du XXe siècle. Présents dans les collections permanentes du M.N.A.M., C.C.I. Centre Georges Pompidou. Présents dans les collections permanentes du F.R.A.C. Centre.
Ancien conseiller du Ministre de l'Environnement (Corinne Lepage).
Elus créateurs de la décennie 90 par l'ensemble des étudiants en Ecole d'Art.

GALIANO + SIMON + TENOT (Paris)
Janine Galiano (1961), architecte DPLG de l'EAPLV (1987), DEA *Jardins, paysages, territoires* EAPVL-EHESS (1994). Elle enseigne depuis 1994.

Philippe Simon (1961), architecte DPLG de
l'EAPLV (1989), DEA *Le projet architectural
et urbain* EAPB-IFU-EHESS (1995). Il enseigne
à l'EAPV depuis 1994.
Xavier Ténot (1962), architecte DPLG de l'EAPLV
(1989). Il enseigne au CNFPT depuis 1990.
Parcours/Principaux projets : *Appel aux Jeunes
Architectes* Pavillon de l'Arsenal/Ville de Paris,
concours pour un immeuble de logement, Paris
XXᵉ - 2ème prix (1992). 22 logements Paris XIX,
SA d'HLM L'Habitation Confortable maître
d'ouvrage (étude en cours). 16 logements
Paris XXᵉ, Semea XV maître d'ouvrage (étude
en cours). Mise en valeur de la Tour Perret,
Ville d'Amiens maître d'ouvrage, en association
avec Bertrand Lemoine (étude en cours).

GRASER + WAGNER (Zurich)
Jûrg Graser (1965), architecte diplômé de l'Ecole
Polytechnique de Zürich. Il enseigne l'histoire de
l'architecture à l'Ecole d'ingénieurs de Coire (Suisse).
Parcours/Principaux projets : Maison Leinherr à
Gams, Zürich. Imprimerie Gonzen bruck à Bord
Ragaz. Extension *Lukashans* à Grabs, Suisse.

GUALLART avec MULLER + RUIZ (Barcelone)
Vicente Guallart Furio (1963), architecte (1989).
Il enseigne l'architecture et le multimedia.
Parcours/Principaux projets : Associé à Josep Lluis
Mateo de 1989 à 1993 : Zoo de Paris, Logements
à La Hague, HypoBank à Munich.
Mentionné pour le concours Europan 2 à Valence
(en construction) et lauréat d'Europan 4
à Barcelone. Producteur Multimédia, directeur de
la collection RA CD-ROM.

Enric Ruiz (1968), architecte(1993).
Parcours/Principaux projets : Lauréat d'Europan 4.
Scénographe, collaborateur de Bob Wilson.
Membre Fondateur de Cloud 9.

Willy Muller (1961), architecte (1985).
Parcours/Principaux projets : Collaborateur de Arata
Isozaki. 3ème prix du concours Shinkechenku (Toyo
Ito). Sculptures urbaines pour la ville de Barcelone.

GUETTA (Paris)
Daniel Guetta (1956) architecte DPLG (1984).
Parcours/Principaux projets : Création de l'atelier de
Turenne (1995) : société d'architecture
et d'aménagement urbain. Réalisation en cours :
Un immeuble de bureaux : siège de la Banque
Atlantique de Côte d'Ivoire à Abidjan.

GUIBERT (Paris)
Lionel Guibert, (1959), architecte DPLG.
Parcours/Principaux projets : Lauréat de la bourse
de *l'envers des villes* pour un projet de jardins associatifs : *jardins voisin* avec D. Besson (1996).
Réhabilitation d'une ferme-haras, création
d'un centre équestre et hôtellerie. Extension
d'une maison. Divers projets d'espaces publics.

HENRIKSEN + LEVRING (Copenhague)
Jan Henriksen (1960) et Troels Levring (1962),
architectes diplômés de l'Académie Royale
des Beaux-Arts de Copenhage (1988 et 1990).
Parcours/Principaux projets : Ils créent leur atelier
en 1994. Lauréat du concours pour l'Orestad à
Copenhage (1994). Mention honorable pour le
concours des ambassades nordiques à Berlin
(1995). Divers projets de réaménagements de
bureaux et de logements. Projets pour l'extension
d'un hôtel à Copenhage (1997).

JAKOB + MACFARLANE (Paris/Londres)
Dominique Jakob, architecte DPLG de l'EAPV
(1990), licence d'histoire de l'art Paris I (1989).
Elle enseigne depuis 1994 à l'Ecole d'Architecture
Paris-Villemin.
Brendan MacFarlane, architecte diplômé de
Harvard Graduate School (1990), de Sci-Arc
Californie (1985). Il enseigne au Bartlett School
of Architecture à Londres, et a enseigné à
l'Architectural Association, à Sci-Arc, à Otis-Parsons.
Parcours/Principaux projets : Ils créent leur atelier
en 1992. Réalisations : Maison T à La Garenne
Colombes (1994). Monument à la Mémoire et à la
Paix à Val de Reuil (1996). Un lieu d'exposition
d'art contemporain à Paris (1997).
Concours : Logements pour la RIVP. Logements
pour la RATP (1997).

Création avec E. Marin-Trottin & D. Trottin et A.F.
Jumeau & L. Paillard de l'association
PERIPHERIQUES (1995). Ensemble nous sommes
lauréats de la bourse de *l'envers des villes* (1997).

JULLIEN + GORY (Paris)
Pierre Gory (1959), architecte DPLG.
Béatrice Jullien (1960), architecte DPLG, diplômée
de la Architectural Association Graduate Diploma,
DEA d'architecture et Projet urbain, ancienne pen-
sionnaire de l'Académie de France à Rome. Elle est
maître-assistant à l'École d'Architecture de Lille.
Parcours/Principaux projets : Aménagements
muséographiques (chateau de Pierrefonds,

220

Domaine National de Saint-Cloud). Constructions d'abris temporaires d'exposition (jardins de Vallery, Yonne). Opérations de maisons individuelles en ville nouvelle. Recherches et publications principales : La villa Pietrangeli, enquête sur une maison disparue, fiction d'architecture ed. Imprimeur Paris 1994. L'invention de Pierrefonds par Viollet-le-Duc, Le Visiteur n°3, octobre 1997.

JUMEAU + PAILLARD (Paris)

Anne-Françoise Jumeau (1962), architecte DPLG de l'EAPV (1987), paysagiste CESP/ENSP Versailles (1996). Louis Paillard (1960), diplômé de l'Ecole Boulle (1980), BTS d'architecte intérieur et créateurs de modèles (1982), architecte DPLG de l'EAPLV (1988).
Louis enseigne à l'EPSAA de la Ville de Paris depuis 1996.
Parcours/Principaux projets : Lauréats des Albums de la Jeune Architecture (1992), mentionnés à Europan 3 (1994). Réalisations : 10 logements concertés à Montreuil (1992). 24 maisons en bande à Gaillon (1996). Ecole maternelle et primaire à Tournan-en-Brie (1997). 5 logements PLA à Montreuil (1997). 11 logements REX HQE et 10 maisons individuelles PLA en Normandie (en cours). 1 maison de ville à Créteil (en cours).

Création avec E. Marin-Trottin & D. Trottin et D. Jakob & B. MacFarlane de l'association PERIPHERIQUES (1995). Ensemble nous sommes lauréats de la bourse de l'envers des villes (1997).

LE K (Paris)

En 1993, Julie Crégut, Maya Olaso, Karine Herman, Jérôme Sigwalt et Thierry Verdier fondent le K pour « faire de l'architecture comme on monte un groupe de rock ». Depuis le K a produit 16 actions d'architecture : Une hospitalité ordinaire projet cité à Europan 3. Vrai-fausse architecture réalisation expérimentale (1994). Un pont habité projet primé à Cimbéton (1995). Zones B projet lauréat de Europan 4. Le K a réuni jusqu'à 15 personnes dont E. Coste et D. Delgado. Depuis janvier 1997 le « K architectures » succède au « K actions d'architecture » et livre son premier bâtiment, le Frac Languedoc-Roussillon (1997).
Trois personnes demeurent : Karine Herman, Jérôme Sigwalt et Thierry Verdier.

LACATON + VASSAL (Bordeaux)

Anne Lacaton (1955), architecte DPLG et DESS d'urbanisme. Elle enseigne à l'école des Beaux-Arts de Bordeaux.

Jean-Philippe Vassal (1954), architecte DPLG, architecte-urbaniste au Niger (1980-85).
Il enseigne à l'École d'Architecture de Bordeaux et à l'école des Beaux-Arts de Bordeaux.
Parcours/Principaux projets : Agence à Bordeaux depuis 1987. Lauréats des Albums de la Jeune Architecture (1991). Réalisations : Paillotte à Niamey - Niger (1984). Maison Latapie à Floirac, Gironde (1993). Arts et Sciences Humaines (1994-96). Restructuration du bâtiment Economie et Gestion - Université de Grenoble. Concours : Ecole d'Architecture de Compiègne avec Jacques Hondelatte (1996).

LACOSTE (Paris / Sidney)

Thierry Lacoste (1959), architecte diplômé de l'Ecole d'Architecture de Louvain.
Parcours/Principaux projets : Lauréat des Albums de la Jeune Architecture (1992). Lauréat du concours Europan 2, à Dunkerque. Lauréat de l'Appel aux Jeunes Architectes Pavillon de l'Arsenal/Ville de Paris, concours pour un immeuble de logements. Lauréat du Prix de la Première œuvre du Moniteur pour le Centre des Archives d'Outre-Mer à Aix-en-Provence (1996). Il a enseigné à l'EPSAA de la Ville de Paris (1994 à 1997).

LAGESS + MCNAMARA (Londres)

Martha LaGess, architecte diplômée de l'Architectural Association (1990).
Michael McNamara, architecte diplômé de Harvard. Il a enseigné à Houston et Boston et a travaillé aux USA avant de venir à Londres en 1987.
Ils vivent et travaillent à Londres.

MARIN-TROTTIN + TROTTIN (Paris)

Emmanuelle Marin-Trottin (1967) et David Trottin (1965), architectes DPLG (1991 et 1990).
David enseigne depuis 1996 à l'Ecole d'Architecture de Paris-Tolbiac.
Parcours/Principaux projets : Pendant que David est chef de projets pour F. Soler (1990-96), Emmanuelle crée un atelier commun : projets d'urbanisme, habitat, équipements, mobiliers, paysage... dont : La Maison M. - val d'oise (1993-94). Cette réalisation est nominée au Prix de la Première Œuvre du Moniteur (1994) et reçoit le 1er prix aux Euro Belgian Architectural Award (1995). Lauréats du concours Europan 3 à Grande-Synthe (1994). Lauréats du concours Butagaz (1996). Création d'un parc public et de 24 logements PLA à Grande-Synthe (en cours).

Création avec D. Jakob & B. Macfarlane et
A.F. Jumeau & L. Paillard de l'association
PERIPHERIQUES (1995). Ensemble nous sommes
lauréats de la bourse de *l'envers des villes* (1997).

MILLET (Paris)

Fabrice Millet (1954), architecte diplômé de
l'EAPLV (1979), certificat d'aménagement Régional
et Urbain de l'Ecole Nationale des Ponts et
Chaussées. Il est enseignant vacataire à l'Ecole
de Paris la Défense.
Parcours/Principaux projets : Développement
du PAZ de Bercy- agence JP Buffi (1988).
Extension d'une maison particulière (1993).
Aménagement de bureaux de l'agence Preview
(1993). Equipement sportif à Lognes avec
Vincent Renié (1994). Locaux sociaux du comité
d'établissement Renault à Boulogne-Billancourt
avec Vincent Renié (1997). Immeubles de
logements pour la SIAM et Logirel (en cours).

MOSBACH (Paris)

Catherine Mosbach (1962), paysagiste DPLG-
ENSP de Versailles, DEA Histoire et civilisations
à l'EHESS de Paris. Bourse Léonard de Vinci,
Ministère des Affaires Etrangères.
Parcours/Principaux projets : Espaces extérieurs
groupes OPHLM Dolet et Derry à Issy-les-
Moulineaux. Entrées de ville de Questembert,
zone de maintenance aéroport Bâle-Mulhouse.
Concours du parc Bell Bronfeloire à Roubaix.
Parc du centre-ville à Quimper. Parc du château
de Gaillard aux Andelys.
Elle est cofondateur et responsable de la revue
Pages-Paysages. Conférences à l'ENSP de
Versailles, Via de Barcelone, Ecole d'Architecture
de Strasbourg, Université de Paris X et Institut
Supérieur d'Urbanisme de Créteil.

MOUSSAFIR (Paris)

Jacques Moussafir (1957), architecte DPLG.
Parcours/Principaux projets : Bureaux de l'IGAS
(Réhabilitation) associé à A. Moatti. Services
Centraux du Ministère de la Culture, associé
à A. Galfetti (concours). Maison individuelle
à Suresnes.(en cours).

MVRDV (Rotterdam)

Agence d'architecture et d'urbanisme fondée
par Winy Maas, Jacob van Rijs et Nathalie
de Vries (1991).
Winy Maas (1959), Jacob van Rijs (1964) :
architectes diplômés de l'Ecole de Delft (1990).

Ils enseignent et donnent des conférences à
l'Architectural Association de Londres, au Berlage
Institute d'Amsterdam, au Cooper Union de
New York...
Nathalie de Vries (1965) : architecte diplômée
de l'Ecole de Delft (1990).
Elle enseigne et donne des conférences à l'Ecole
de Delft, de rotterdam, de Groningen...
Parcours/Principaux projets : Siège Social VPRO
à Hilversum. Logements WoZoCo à Amsterdam.
Maison double à Utrecht. Pavillons au Parc
National de Hoge.....

NICOLEAU + SCOFFIER (Paris)

Elizabeth Nicoleau, architecte diplômée de l'ESA
(1982).
Parcours/Principaux projets : Lauréate de la Villa
Medicis Hors les Murs (1989). Lauréate de la 3ème
session de *l'Appel aux Jeunes Architectes* Pavillon
de l'Arsenal/Ville de Paris. Bibliothèque Centrale
de prêt de Haute-Savoie. Centre de Musique
Baroque de Versailles. 2 immeubles de logements
rue Désiré à Paris (en cours).

Richard Scoffier, architecte diplômé de UPA6
(1980), DEA de Philosophie, Paris1 (1984).
Maitre-assistant à l'Ecole d'Architecture de
Normandie depuis 92, professeur invité à l'ESA
en 1995-1996.
Parcours/Principaux projets : Lauréat des albums de
la jeune architecture (1991). Maison de la Culture
du Japon (concours). 18 logements rue des papillons
à Paris. Serre à papillons à Orléans (en cours).

Projets communs : Centre Culturel Français de
Libreville (concours).

RICHALET (Paris)

Loïc Richalet (1963), architecte DPLG (1987),
diplômé de Rhodes Island School of Design et de
University of Illinois à Chicago (1986).
Parcours/Principaux projets : Chef de projet chez
Sportes, Nouvel, OMA pour qui il suit la réalisation
de la Villa d'All-Ava à Saint-Cloud. Extension
d'une maison à Belle-île-en-Mer (1992), cette
réalisation est nominée au Prix de la Première
œuvre du Moniteur (1995).

ROCHE, DSV ET SIE (Paris/La Réunion)

François Roche, Gilles Desevedavy et Stéphanie
Lavaux, architectes DPLG.
Parcours/Principaux projets : Maison du Japon,
Maison dans les arbres, Piscine Deligny, Musée
à Soweto, Villa Malraux. Participation à des
Workshops à Houston, Stockholm et Barcelone.

SAMAHA (Paris)

Hisham Samaha (1963), architecte DPLG.
Parcours/Principaux projets : Réhabilitation d'une ferme-haras et centre équestre et hôtellerie dans le 78. Extension d'une maison dans le 92. Divers projets d'espaces publics.

SCHMID + STEINMAN (Bâle)

Peter Steinman (1961), architecte (1991). Professeur-assistant à l'ETH de Zurich (1994). Herbert Schmid (1960). Architecte diplômé de l'ETH de Zurich. Agence d'architecture depuis 1992.

SOUQUET + DEFRAIN (Paris)

François Defrain (1961) et Olivier Souquet (1966) architectes.
Parcours/Principaux projets : Lauréats au concours *New collective Spaces in the Contemporary City* à Thessalonique (1997). Primés au concours EUROPAN 4 à Saint-Ouen l'Aumône (1996). 3ème prix au concours CAUE 77 (1994). Souquet est 2ème prix au concours CAUE 78 (1993). Et Defrain est mentionné au concours CAUE 94 (1992).

STIMULUS (Paris)

Léa Thirode et Thierry Marco, architectes DPLG (1986 et 1987), créent Stimulus en 1995.
Parcours/Principaux projets : De 1988 à 1993, ils sont assistants de Jean Nouvel et collaborent à des projets tels que l'Opéra de Lyon et la Tour sans fin... Léa Thirode réalise la surélévation d'une maison de ville rue des Martyrs à Paris (1993). Cette réalisation est nominée au prix de la première œuvre du Moniteur (1994).
En commun : Rénovations d'appartements et de maisons à Paris et en Province (depuis 1994). Construction de l'atelier d'ARMC (fabricant de robots industriels) à Champagnole (Jura) (1996). Lauréats du concours pour la halle de génie alimentaire de l'Ecole Nationale d'Industrie laitière de Poligny (1997).

VIIVA ARKKITEHTTURI OY (Helsinski)

Toni Peltola (1969), architecte diplômé de l'Université de Tampere (1995). Etudes à l'Ecole d'Architecture Paris-Villemin (1992 et 1995). Il a travaillé dans les agences Hugh Dutton, LAB FAC, Lipsky et Rollet...
Création de VIIVA ARKKITEHTTURI OY en 1996, avec Lehtinen Rauno (1968) et Maki Pekka (1969), architectes diplômés de l'Université de Tampere (1987).
Parcours/Principaux projets : 1er prix pour le concours de l'ambassade Finlandaise à Berlin (chantier en cours). 2ème prix du concours ACSA/OTIS pour un projet de logements. 1er prix pour un centre culturel en Islande.

VOLATRON + VETTIER (Poitiers)

Alain Volatron (1965), architecte DPLG de l'EAPV (1990).
Parcours/Principaux projets : Pépinière d'artisanat d'art à Saint-Savin. 15 logements au Blanc. Divers projets de scénographie au Théâtre-spectacle. Réalise avec P. Vettier et F. Hossin, architectes DPLG, le collège 600 de Buxerolles.

Achevé d'imprimer
sur les presses de l'imprimerie Blanchard
au Plessis-Robinson, en avril 1998

© Editions PERIPHERIQUES
4 passage de la Fonderie 75011 Paris
tel : 01 43 55 59 95 / fax : 01 43 55 64 84

ISBN 2-9509518-2-1